NUNCA ES TARDE PARA HABLAR

Título: *Nunca es tarde para hablar: Sobrevivientes de Abuso Sexual Infantil (Reportaje sobre mujeres sobrevivientes de Abuso Sexual Infantil en la Ciudad de México)*
Autora: *Elizabeth Luciano*

Editorial Marea Negra, Ciudad de México, 2017.
Contacto mareanegra.ediciones@gmail.com

Diseño de portada: Colectivo Chinampa
Contacto: coyolxauhqui-@hotmail.com

Impreso en México

Si te interesa adquirir un ejemplar o reproducir el contenido de esta obra escribe al correo nuncaestardeeliza@gmail.com

NUNCA ES TARDE PARA HABLAR

SOBREVIVIENTES DE ABUSO SEXUAL INFANTIL

(Reportaje sobre mujeres sobrevivientes de Abuso Sexual Infantil en la Ciudad de México)

ELIZABETH LUCIANO

En memoria de +María Lucas Luciano Tovar, +Shunashi Elizabeth Mendoza Caamal y +Cipactli Harí.

A mis padres.

AGRADECIMIENTOS

Tantxs personas a quien agradecer, a mis hermanxs, en especial a Beatriz y María por las tantas veces que escucharon mis quejas y mi dificultad para abordar este tema.

A mis amigas queridas, +Shunashi, Marcela, Sara, Lorena, Carmen, Lupita, Julieta, Reyna e Irais, a mis amigxs, gracias por compartir.

A Iván y Román porque estuvieron en momentos difíciles y me escucharon, además de vivir experiencias tanto agradables como dolorosas que nos han ayudado a crecer.

También quiero agradecer profundamente a las psicoterapeutas que me han guiado en este trabajo con sus consejos y terapia, Karla Barrios, Ana Cecilia Salgado, Senovia Bailón y Brenda García. Muchas gracias por brindarme la confianza y acompañarme en este duro proceso.

Un sincero y profundo agradecimiento solidario a las mujeres sobrevivientes de Abuso Sexual Infantil, Brenda, Ana, Mago, Laura, ALC y Janet, que me brindaron su confianza para narrar sus historias.

Además, quiero agradecer a Elvia mamá de Shuny y sus hermanas por darme la oportunidad de conocerlas un poco y escucharnos después del duelo.

Gracias a todas y todos aquellxs que se han cruzado en mí camino, quienes me han enseñado algo significativo para mi crecimiento.

En cada paso que damos en la vida hay aprendizaje y conocemos diversas personas, aunque se presenten: confusión, tristeza, duelos, partidas, miedos y enojos. Como hojas secas que se desprenden de los árboles al llegar el otoño, vivencias que sueltas para dar inicio a otra travesía, tras el invierno renace de nuevo la primavera.

Gracias

ÍNDICE

PRÓLOGO

Nunca es tarde para hablar, sin duda un reportaje donde Elizabeth Luciano es parte de las protagonistas del relato. Al mero estilo del periodismo de inmersión, que surge como alternativa al periodismo tradicional, la reportera se sumerge al fenómeno del *abuso sexual infantil* para describir, documentar, narrar las experiencias de las sobrevivientes de este delito sexual el cual, se ha naturalizado como parte del discurso patriarcal y machista que construye relaciones interpersonales de poder donde un sexo- género predomina sobre el otro, siendo las mujeres y lo femenino (que incluye a la niñez) las débiles, dominadas y sumisas.

Elizabeth Luciano, además de incursionar en el periodismo de inmersión que se caracteriza por buscar temas sociales, éticos y morales para hacer reflexionar al público sobre una problemática realmente trágica y dolorosa para la sociedad mexicana; utiliza un lenguaje incluyente, es decir no sexista: *a fin de propiciar un cambio en el modo de pensamiento de las y los lectores, porque creo que desde el lenguaje también se hacen construcciones sociales imponiendo una cultura patriarcal donde se perpetúan los valores de la violencia, de la exclusión y el machismo.*

Es durante una estancia en el Estado de Guerrero, cuando Elizabeth Luciano, recoge todas aquellas experiencias dolorosas y frustrantes, vividas por algunas mujeres que al igual que ella, fueron criadas y educadas por sus padres y madres bajo la idea de la sumisión, la obediencia incondicional y la disposición de sus cuerpos para estar y vivir al servicio de los otros: *Recuerdo mi infancia, la cual no fue muy grata... mis padres me ofrecieron una educación rígida, estricta, con costumbres enraizadas en la tradición y dureza.* No obstante y gracias al interés que la autora demostró por estudiar, tuvo la oportunidad de cuestionar no solamente a sus progenitores y a su comunidad sino a la sociedad, al adentrarse y tratar de dar una explicación sobre el porqué de esas relaciones de poder, dominio y extrema violencia que se manifiestan particularmente en el abuso sexual infantil.

El contexto del reportaje es aterrador: el 77% de las víctimas son niñas entre 5 y 7 años de edad, más del 80% de los agresores son parientes o familiares de la víctima, hermanos, primos, padrastros, tíos, peor aún el propio padre. En la Ciudad de México existe un promedio de 350 denuncias mensuales de delitos sexuales en donde la mitad de las víctimas son menores de edad y más de 60% son menores de

20 años. Otro dato, es que predominan las víctimas del sexo femenino cuyo responsable del delito son varones en un 90% de las veces. La mayor parte de las víctimas identifican al abusador porque en más del 80% de los casos se trata de varones casados, familiares, maestros, sacerdotes u otro tipo de pederasta que conoce a su víctima.

El presente reportaje saca a la luz pública el fenómeno del abuso sexual infantil, problema urgente que debe ser denunciado y difundido para prevenir y erradicar todo tipo de violencia hacia las mujeres, las y los niños.

Tal y como lo dice su autora, *Nunca es tarde para hablar, hace alusión a la necesidad de que las y los sobrevivientes de abuso sexual, hablen de su experiencia como un método de sanación de las heridas de la infancia y contribuyan para que el problema se visibilice y rompa con el círculo de la violencia hacia sus descendientes, en sus relaciones sociales, o que llegan a cometer ellxs mismxs el abuso, además de no seguir reproduciendo la cultura machista en dónde el más fuerte vence al débil, y son lxs infantes quienes resultan más perjudicadxs.*

Isabel Barranco Lagunas

INTRODUCCIÓN

Mientras más convivía con mujeres de distintos lugares me di cuenta que era cada vez mayor el número de ellas las que habían vivido abuso sexual durante su infancia y/o adolescencia y algunas no tomaban terapia, preferían no hablar del tema. Me pregunté cuáles eran las repercusiones en quienes vivieron este tipo de experiencia en su niñez y ahora ya son adultas.

Para abordar el tema creí necesario ir a la raíz, es decir, desde el punto de vista de las y los autores consultados, de las entrevistas a especialistas y desde mi propia interpretación del problema comprendo que ésta radica en la cultura patriarcal y machista en la que han y siguen creciendo lxs[1] infantes del país y del mundo.

La periodista Lydia Cacho en su libro *Con mi hij@ no* también hace referencia a la cultura patriarcal y machista como causa principal del problema de

[1] Utilizaré un lenguaje incluyente durante la investigación. Usaré los artículos para el sexo femenino y masculino, además de "x" cuando me refiera a ambos.

Abuso Sexual Infantil, menciona que a las mujeres y niñxs se les asigna un poder inferior que al hombre, quien domina en el ámbito social y añade:

> Los historiadores fueron incapaces de sustraerse a su propia noción de masculinidad patriarcal. Contaron sesgadamente el papel de los hombres en la perpetuación de los valores de la violencia y enaltecieron una falsa noción de maternidad, avalando las diversas formas de la educación a través del maltrato.[2]

La periodista añade, en el mismo libro, que a partir de la cultura patriarcal se normalizó el lenguaje sexista que promueve los valores de exclusión. Por dicha tradición es que en la mayoría de los textos aún se escribe la palabra *hombre* para decir también *mujer*, y mucha gente se resiste a un lenguaje incluyente de lo femenino.

Por tal razón, está investigación no se resistirá a tal inclusión, basándome en el manual *10 recomendaciones para el uso no sexista del lenguaje*, editado por el Consejo Nacional para Prevenir la Discriminación, CONAPRED, en 2009, utilizaré artículos: las, los, unas, unos, etcétera, para integrar ambos sexos. Además cuando se hable en plural asignaré "x" a las palabras para hablar de femenino y masculino, como: niñxs, psicologxs, entre otros.

---

[2] Lydia Cacho, *Con mi hij@ no. Manual para prevenir, entender y sanar el abuso sexual.*, México, De bolsillo, 2009, p. 34

En el libro de María Ángeles Calero Fernández, *Sexismo Lingüístico. Análisis y Propuestas ante la discriminación sexual en el lenguaje*, se invita a incluir lo femenino como muestra de igualdad y para combatir la cultura patriarcal en la escritura. Utilizar la "x" o el "@" para referirse a ambos sexos, puede ser algo informal o de difícil lectura, pero la autora dice que es válido, porque la intención es reflejar la diversidad de personas y no sólo la masculinidad.

En la Cámara de Diputados, las legisladoras integrantes de la comisión de Equidad y Género discuten la necesidad de reformar la Constitución para que en lugar de decir el "menor" diga los niños y las niñas.

Al respecto, María Ángeles Calero Fernández, en su obra mencionada, señala que la lengua lo es todo, es el vehículo del pensamiento, el principal mecanismo de comunicación que empleamos. Añade que los sistemas lingüísticos de las sociedades patriarcales presentan una clara óptica masculina y un frecuente desprecio hacia el sexo femenino, muestran una clara división entre los dos sexos y con diversa valoración de cada uno de ellos.

Por tanto, en la investigación uso esta inclusión del sexo femenino en el lenguaje, aunque las palabras suenen repetitivas para referirme a ambos sexos, considero necesario escribir de esa manera, a fin de propiciar un cambio en el modo de pensamiento de las y los lectores, porque creo que desde el lenguaje también se hacen construcciones sociales imponiendo una cultura patriarcal y es una de las causas de que ocurra el Abuso Sexual Infantil.

En el mismo sentido, también abordo dicha temática basándome en la perspectiva de género como una opción para combatir el machismo. En el artículo *La perspectiva de género en investigaciones sociales* de Norberto Inda, se explica:

> El género es un concepto central en la construcción de las relaciones sociales desiguales. Por eso, lo que trataremos de analizar son implicaciones de cualquier situación, diferenciando el papel que cumplen en ella mujeres y hombres, y las causas, consecuencias y efectos diferenciales de esta situación sobre unas y otros.
>
> Un análisis de género te permite diferenciar las características sociales (género) de las características biológicas (sexo). Profundizar en las relaciones entre mujeres y hombres (relaciones de género), así como en las diferencias y disparidades en el acceso y control sobre recursos, decisiones, oportunidades, retribuciones, expectativas... te permite identificar las relaciones de poder e inequidades en las que se traducen estas diferencias.

Se pretende eliminar la categorización de género asignada a hombres y mujeres a partir de la asignación dada desde el nacimiento por la visibilidad de sus genitales; la identidad de género cuando se interioriza la diferencia entre ambos sexos, y el papel de género cuando se les educa a partir de la marcada diferencia de juegos para "niñas" o "niños", por ejemplo.

El papel de género, también conocido como rol de género, se adopta mediante el conjunto de normas y prescripciones que dictan la sociedad y la cultura sobre el comportamiento femenino o masculino. Si visualizamos la cultura patriarcal que impera en México, las niñas crecen bajo una vulnerabilidad mayor que los niños debido a la complejidad de esta situación.

En la mayoría de las familias mexicanas, los infantes crecen con la idea aprendida de que "el jefe de la casa" es el padre, proveedor y representante de las responsabilidades públicas y el símbolo de la autoridad sobre la mujer y las hijas e hijos.

Así se crece en un ambiente de discriminación hacia la mujer, se mira como subordinada, débil y dependiente. Este modelo se refuerza en la escuela. Pueden ocurrir casos en donde la madre sea la autoridad en casa, aun así se cae en relaciones de poder y violencia.

Al referirme a perspectiva de género, justo es incluir a las mujeres en la sociedad y buscar que los hombres se quiten el rol estereotipado que les marca la cultura machista; es exigir que se tome más en cuenta el papel de las féminas y se reflexione el de los hombres, pues como lo señala la feminista Simone de Beauvoir, en su obra *El segundo sexo*, la diferencia de sexos no debería alterar la igualdad de condición.

Aclarado el punto del uso del lenguaje y la perspectiva de género intencional en esta investigación para combatir la sociedad machista y por ende el problema de abuso sexual infantil, existe otro término que será muy usado "sobreviviente de Abuso Sexual Infantil".

Algunxs psicólogxs y terapeutas dan el término "sobreviviente" a la persona que vivió alguna experiencia sexual en su infancia y/o adolescencia y ha pasado muchos años en sobrevivencia, porque se le dificulta vivir o tiene problemas ocasionados por el abuso.

De acuerdo con el Diccionario de la Real Academia Española, sobreviviente o superviviente es cualquier "persona que vive después de un determinado suceso. Vivir con escasos medios o en condiciones adversas".

Es decir, aquellas personas que vivieron abuso sexual infantil y ahora son adultas fueron o son "sobrevivientes" porque pudieron pasar un suceso a partir de sus propios recursos. Lxs terapeutas opinan que éste término puede ser concebido por aquellxs que consideran que la experiencia de Abuso Sexual Infantil ha generado conflictos en su vida actual.

Sin embargo, existen también personas que vivieron Abuso Sexual Infantil pero lograron superar el trauma y no creen que se les dificulta vivir y se les define como "resilientes" porque encontraron herramientas que les permitieron sobrevivir y pasar esta etapa.

La sociedad mexicana aún no está familiarizada con ese término, por lo cual, para efectos de este trabajo, he preferido utilizar la palabra "sobreviviente", a fin de que la gente se enteré de la problemática de Abuso Sexual Infantil; de esta manera nombraré a las mujeres entrevistadas que vivieron violencia sexual.

En charla con Janet, sobreviviente de Abuso Sexual Infantil, comprendí que las consecuencias son demasiadas y depende de cuatro factores principales: edad de la o el menor al sufrir la experiencia, tiempo en que se ejecutó la acción, quién o quiénes son los agresores, y si recibe o no apoyo al momento de la vivencia de abuso.

Cuando la escuché comprendí que el Abuso Sexual Infantil es un problema social grave, las y los sobrevivientes, ahora adultxs sufren en silencio, la mayoría no lo habla en familia, pocxs son quienes acuden a terapia.

En México, el problema es grave, pues de acuerdo con la nota titulada *México registra uno de los más altos índices de abuso sexual infantil*, difundida el 25 de julio de 2013 en la página de Internet de la Suprema Corte de Justicia de la Nación, la Subsecretaría de Prevención y Participación Ciudadana de la Secretaría de Gobernación, estimó que el 77% de las víctimas son niñas de entre cinco a siete años de edad, y los agresores son: el hermano en un 19%, el padrastro en un 18%, un tío en un 16% y el padre en un 15%.

Susan Forward y Craig Buck en el libro *Padres que odian*, definen el abuso sexual infantil desde el punto de vista psicológico como:

Toda una gama de comportamientos y relaciones, que incluyen el contacto físico con la boca, pechos, genitales, ano o cualquier otra parte corporal de una niña o niño, cuando el objeto de dicho contacto es la excitación sexual del agresor. Y este último no tiene que ser necesariamente un consanguíneo; puede ser cualquiera a quien los infantes consideren como miembro de la familia; así, un padrastro o un pariente político.[3]

Este problema, con frecuencia queda silenciado, por miedo ante las amenazas del agresor hacía la víctima. Muchas de las niñas y los niños que viven Abuso Sexual Infantil, ya de adultxs enfrentan serios problemas conductuales, físicos y emocionales que provocan dificultad en sus relaciones sociales.

El asunto es que las cifras de este problema se encuentran diseminadas y, según la fuente, varían, por ejemplo, en la nota del periódico *El Universal*, *Dos generaciones de abuso sexual entre hombres*, del 30 de julio de 2012, la reportera Cristina Pérez-Stadelmann, declaró que en un estudio realizado por la Secretaría de Salud, el 75% de las mujeres que han presentado violencia en pareja, manifestaron tener antecedentes de abuso sexual infantil.

Son pocos los medios de comunicación y periodistas que hablan de hombres y mujeres sobrevivientes de Abuso Sexual Infantil, cómo viven, cuáles son las dificultades que enfrentan al vivir en sociedad, qué opinan de sus agresores,

---

[3] Susan Forward y Craig Buck, *Padres que odian. La incomprensión familiar: un problema con solución*, México, Grijalbo, 1991, p.170.

cómo creen que este problema pueda disminuir, qué repercusiones tienen en su vida actual, entre otros.

En búsqueda de notas periodísticas de enero 2012 a octubre 2014, encontré sólo 26 de diferentes periódicos nacionales. Una de ellas se publicó en el periódico *Vanguardia*, el primero de agosto de 2014, titulada "'Mamá Rosa' nos obligaba a tener sexo con ella", se trata del relato de una mujer adulta, declaró que hace diez años la llamada mamá Rosa, empleada del albergue *La gran familia*, abusaba sexualmente de ella y de otrxs siendo sus preferidas las niñas, la obligaba a tener sexo oral.

En diciembre de 2013 salió en el periódico *Sin embargo* un reportaje llamado "La boquitas", era la historia de una mujer que por mucho tiempo vivió trata sexual, explica la manipulación psicológica que utilizan los padrotes y además agregaba haber sufrido abusos sexuales en su infancia. Son notas relacionadas con lxs sobrevivientes de abuso sexual infantil que denuncian el hecho años más tarde.

Aún no se hace un conteo general de las personas sobrevivientes de abuso sexual infantil, hay referencia al tocar otros temas como: la violencia hacia las mujeres, pero en concreto no se trata el tema, es por ello mi interés en la difusión de esta problemática.

Luego de revisar los datos, y a pesar de que hay diferencia en las cifras, observé que hay dos similitudes entre las fuentes: la primera es que en su mayoría las víctimas conocen a su agresor porque se encuentra dentro del entorno familiar; y la segunda es mayor el porcentaje de niñas abusadas.

Por tal razón, este reportaje pretende hacer visible la violencia sexual y de género, las relaciones de poder, la falta de educación sobre sexualidad y la cultura patriarcal que aún persiste en la sociedad mexicana, causas que contribuyen al problema de abuso sexual infantil.

Al narrar las historias de las sobrevivientes busco hacer partícipe a lxs lectores de las sensaciones que experimentaron durante la experiencia de abuso, lo que ahora son tras este acontecimiento, narrar las dificultades que tuvieron en sus vidas, cómo han logrado sobrevivir.

Es un reportaje porque aporto antecedentes y contextos del tema, además trato de mostrar la indignación de que ocurran abusos sexuales infantiles, hago un análisis de las causas del mismo y reflexiono sobre la carencia de políticas públicas y la falta de un marco legal para hacer justicia a las y los sobrevivientes, porque el delito prescribe.

Asimismo, trato de reproducir fielmente las opiniones y emociones de las mujeres sobrevivientes de Abuso Sexual Infantil, busco lograr la sensibilización de las personas mediante la empatía que logre despertar a partir de alguna vivencia o episodios descritos. Además, mezclo datos duros con las fuentes vivas, y utilizo la narración para crear un texto ameno y de fácil lectura para todas y todos.

Aclaro que en el Abuso Sexual Infantil también hay violaciones, hostigamiento, violencia sexual, entre otras, sólo que este término se da socialmente para reportar que hay niñas y niños que son abusadxs por depender de otras personas al momento del daño.

Está investigación se divide en cuatro apartados:

En el primer capítulo *La ley del más fuerte contra el débil: Abuso Sexual Infantil*, describo las causas del problema que nos ocupa: el tabú de la sexualidad, la normalización de la violencia, sobre todo de género, la cultura patriarcal y machista. Sus consecuencias, problemas conductuales, psicológicos y físicos que presentan las víctimas; así como algunas pistas para identificar a lxs agresores, las creencias erróneas sobre el tema y el marco legal de este delito.

El apartado dos, *La voz antes callada*, visibiliza la falta de un marco legal para lxs sobrevivientes de Abuso Sexual Infantil, se narran las historias de vida de: Laura, ALC, Janet, Brenda, Mago y Ana sobrevivientes de abuso sexual infantil, para ejemplificar los daños a largo plazo tras vivir violencia sexual, además de hacer énfasis en que no hay cifras certeras de cuántas personas han padecido Abuso Sexual Infantil, porque la mayoría lo calla. Propone la denuncia social, darle voz a quienes en el pasado callaron.

El siguiente capítulo, *Sin fórmula mágica para sanar*, explica algunos de los métodos de terapia para sanar la herida infantil; así como, las asociaciones civiles o grupos terapéuticos que atienden tanto a infantes como a personas adultas, u otros sólo a adultxs. Además, las mujeres entrevistadas narran los recursos que utilizaron para sobrevivir, y a lo largo de la terapia ya no se martirizan en el *por qué a mí*, sino que aprenden a buscar el para qué les ocurrió está experiencia violenta.

Algunas de las mujeres sobrevivientes continúan en terapia para su sanación, otras ya no, pero pasaron muchos años en busca de ayuda psicológica. Uno de los objetivos al entrevistarlas fue que sus testimonios y experiencias de superación constituyeran una motivación para que las y los sobrevivientes que siguen sin contar su experiencia violenta y continúan en silencio se atrevan a levantar la voz.

El último apartado *Un nuevo comienzo. Nunca es tarde para hablar*, expone alternativas para disminuir el abuso sexual infantil a partir de la visión de las asociaciones civiles, lxs especialistas en el tema, las mujeres sobrevivientes, cuyo fin secundario estaría encaminado a replantear políticas públicas en México con perspectiva de género y en favor de la no violencia para sensibilizar y re-educar a la sociedad mexicana en general.

Nunca es tarde para hablar, tal como se llama este reportaje, hace alusión a la necesidad de que las y los sobrevivientes hablen de su experiencia como un método de sanación de las heridas de la infancia y contribuyan para que el problema se visibilice y se rompa con el círculo de la violencia hacia sus descendientes, en sus relaciones sociales, o que lleguen a cometer ellxs mismxs el abuso, además de no seguir reproduciendo la cultura machista en donde el más fuerte vence al débil, y son lxs infantes quienes resultan más perjudicadxs.

I

LA LEY DEL MÁS FUERTE CONTRA EL DÉBIL:
ABUSO SEXUAL INFANTIL

Mi madre, como todas las mañanas se fue a trabajar, mi padre me despierta con besos, caricias y cosquillas en mis piernas, mi pecho, mis pompis, me mete los dedos en mi ano y mi vagina, pienso que sólo será una vez, pero suceden muchas más. Tengo mucho miedo, no entiendo que sucede, estoy sola con él, me siento abandonada. Al principio lloro trato de quitarlo de encima de mí, él se ríe y me dice que me quiere, que soy hermosa.

En las noches, también ocurre, al acostarse, se quita los pantalones, apaga la luz y comienza el tocamiento. Primero acaricia a mi madre, como no se deja, acude conmigo, me siento rara, y empiezo a llorar, creo que es un monstruo, mi madre despierta me da palmadas en la espalda, se vuelve a dormir, pienso que eso le ocurre a todas las niñas, me incomoda, pero no sé qué hacer, él es grande y fuerte y me dice que me quiere, que soy su hija chiquita, mi madre no dice más, sólo lo aleja de mí pero vuelve a dormir. Tengo como cuatro años o tal vez menos.

Nunca supe si mi madre se dio cuenta o se hacía la dormida, como yo, muchas veces, para no sentir. Desde entonces estoy acostumbrada a esas acciones, ahora de adulta creo que sólo sirvo para lo sexual y por ende no tengo ningún valor, no merezco nada grato pues soy culpable de callar en el momento.

La experiencia de Janet se conoce como Abuso Sexual Infantil, éste es un delito en donde personas irrumpen en la intimidad de las niñas y los niños, sin que éstxs tengan aun conocimiento de su sexualidad.

El también llamado trauma sexual "es aquel que comprende los sucesos traumáticos de la niñez con un trasfondo sexual, como son el haber presenciado el acto sexual o una conducta inapropiada o seductora por parte de un adulto". También es una agresión sexual cualquier contacto sexual adulto-niño, en el cual "el mayor toca, acaricia o penetra el cuerpo del niño o niña", así lo definen Diana Sullivan y Louis Everstine, en su libro *El sexo que se calla. Dinámicas y tratamiento del abuso y traumas sexuales en niños y adolescentes.*

Las autoras Martha Del Carmen Podestá y Ofelia Laura Rovea en su obra *Abuso Sexual Intrafamiliar. Un abordaje desde el Trabajo Social,* definen abuso sexual infantil como:

> Toda aquella situación en que un adulto utiliza su interrelación con un menor, en relación de sometimiento, para obtener satisfacción sexual, en condiciones tales en que el niño o la niña son sujetos pasivos de tales actos y pierden la propiedad de sus propios cuerpos.

Es así que Janet como muchas otras mujeres pierden la propiedad de sus cuerpos al experimentar un abuso sexual infantil, también se dice que les roban su infancia y así crecen con la idea de no valer o valer menos que otrxs.

La situación es grave porque aunque hay millones de personas que viven una experiencia de Abuso Sexual Infantil no lo dicen y en la nota *México registra uno de los más altos índices de abuso sexual infantil*, publicada el 25 de julio de 2013, en la página de la Suprema Corte de Justicia de la Nación, se comenta que de acuerdo con datos del Desarrollo Integral de la Familia, DIF, y el Fondo de las Naciones Unidas para la Infancia, UNICEF, más de 20 mil niñas y niños han sido explotados sexualmente en México, durante el 2007, principalmente en siete ciudades turísticas o fronterizas. El 70% de los casos de violación, abuso y explotación ocurren en la ciudad de México, Tijuana, Ciudad Juárez, Guadalajara, Acapulco, Tapachula y Cancún.

En la misma nota, se dice que la Subsecretaría de Prevención y Participación Ciudadana de la Secretaría de Gobernación, estimó que el 77% de las víctimas son niñas de entre cinco a siete años de edad, en la mayoría de los casos. Los agresores son: el hermano en un 19%, el padrastro en un 18%, un tío en un 16% y el padre en un 15%.

De acuerdo con cifras de la Procuraduría General de Justicia del Distrito Federal, a través de la Fiscalía especializada en Delitos Sexuales, de

2010 a septiembre de 2014 se registraron dos mil 502 averiguaciones previas por el delito de abuso sexual infantil, cuya mayor incidencia se presentó en la delegación Iztapalapa y las denuncias son en su mayoría de niñas menores de 12 años.

Tras solicitar información al Hospital Infantil de México Federico Gómez por medio del Instituto Federal de Acceso a la Información y Protección de Datos, IFAI, sobre lxs niñxs que han atendido por abuso sexual infantil, del año 2010 a septiembre de 2014 dan un total de 42 infantes, 30 niñas y 12 niños, con variedad de edades desde una niña de siete meses, otras de tres y hasta de 16 años de edad.

La realidad es que no hay cifras exactas, porque muchas víctimas no lo dicen en el momento por el temor que le tienen al agresor, porque reciben amenazas, o algún tipo de violencia física y/o psicológica, en donde el victimario hace que la niña o el niño cargue con la culpa y la vergüenza.

También mi hermano abusa de mí, me lleva a su cuarto, me pone una película de niños, luego me dice que jugaremos algo muy especial y será nuestro secreto. Me pregunta si me gustan los pajaritos, muevo la cabeza en señal de afirmación, me dice que me enseñará uno, pero tengo que cerrar los ojos.

Cuando abro los ojos, él tiene sus manos juntas sobre sus piernas sin pantalones, me dice que está ahí escondido y tengo que despertarlo con un beso, le digo que no, que no hay nada, me trato de asomar quitándole las manos, pero son muy grandes y no lo consigo, me dice que entonces no veré al pajarito.

De nuevo digo que no, pero insiste y sentencia en que no me pondrá más películas ni seré su hermana consentida, a la que más quiere y le deja ver la televisión, entonces le doy un beso, me dice que el pajarito necesita más, muchos besos más. No quiero, pero tengo miedo de que me deje de querer.

Tampoco sé cuántas veces ocurrió, pero creo que fueron muchas, porque el pajarito me pide más cosas y aunque al principio digo que no, lo termino haciendo porque mi hermano me hace reír, y si no lo hago se enoja mucho, me saca de su cuarto y me deja de hablar por varios días, entonces le digo si vamos a jugar al pajarito y me vuelve a sonreír, me regala dulces y luego cuando le gusta mucho el juego me da una moneda de mil.

A veces no quiero jugar, y me escondo debajo de la litera, pero mi hermana le dice dónde estoy y él va por mí. Además, como es nuestro secreto me pidió no decirle a mi mamá porque me pegaría, aunque no entendí porque lo haría preferí no decirle, ella se enoja mucho y grita muy fuerte, a veces me pega por algo que no está bien, pero no me pega tanto como a mis hermanas, por eso ellas dicen que soy su consentida y siento rechazo.

No comprendo si lo que hago es malo, sólo sé que me incomoda mucho y siento culpa por no poder ya parar, otras ocasiones soy yo la que busco a mi hermano porque nadie juega conmigo y aunque sea ese pajarito me hace reír cuando le gusta lo que le hago, quiero seguir viendo películas, por eso regreso.

Cuando aquello sucedió aún no iba a la escuela, fui creciendo y el juego terminó. Ahora, ya soy adulta, y me doy cuenta que en mis relaciones sigo reproduciendo ese miedo, ese temor de no ser aceptada y sigo complaciendo a las y los demás.

Postrada en una banca de un parque de la ciudad de México, donde impera el ruido de las y los niñxs que juegan, Janet, de tez morena, de ojos grandes con algunas lágrimas narra su vivencia que le afecta aún en el presente.

1.1 ENEMIGO SIN FRONTERAS

Janet, es sobreviviente de Abuso Sexual Infantil, tiene 27 años, asiste a psicoterapia, explica que no le dio importancia a lo que su padre le hizo, porque creyó que era normal. No sólo su progenitor abuso de ella sino también su hermano y su hermana, estos últimos recuerdos los olvido y fue apenas hace dos años que volvieron a su mente.

En una ocasión lo mordí muy fuerte, él se burla de mí, veo correr un líquido blancuzco sobre mis piernitas, me doy cuenta que en mi boca traigo otro poco, siento mucho asco, corro a una coladera que está detrás de una puerta dentro del mismo cuarto, vomito, quiero olvidar para siempre esa sensación, lo hago por algunos años, pero cuando crezco lo vuelvo a recordar.

Otro día, se repite lo mismo, pero me da algo de beber, no identifico la bebida, me pide que me acueste junto a él, me quita la ropa, tengo mucho miedo, no sé qué ocurrió, estoy muy asustada, parece que dormí, despierto y estamos abrazados, con mucho esfuerzo logró zafarme, pero él despierta y me dice que espere, comienza a tomarme fotos, desnuda, empiezo a llorar, me dice que sonría que deje de llorar, me pongo mi vestidito azul que tanto me gusta. Tiempo después me regala unas fotos con mi ropa puesta, jamás vi las otras.

El abuso sexual infantil es un problema a nivel internacional, no hay fronteras que lo eviten, el relato de Janet es un ejemplo de cómo puede iniciar la pornografía infantil en donde los agresores suben en internet las fotos de sus víctimas y así comercializan a lxs infantes. Este problema radica en todas las épocas y las culturas sin ser característico de ninguna clase socioeconómica, se da en todos los ámbitos.

El maltrato a las y los niñxs se ha mantenido hasta la actualidad, a partir de dos concepciones arraigadas, que la madre y el padre tienen el derecho de tratar a sus hijxs como crean conveniente porque son de su propiedad y por otro lado, se considera que para mantener la disciplina son necesarios los castigos físicos.

Por ejemplo, en Nigeria si lxs infantes no obedecen se les corta un pedazo de oreja o dedo. En Tanzania se les encierra en una cabaña sin alimento o se les coloca excremento en la cara y son exhibidos en público, según relata Raúl Camacho en su *Estudio preliminar del perfil de personalidad de las madres golpeadoras*.

México no se queda atrás, pues de acuerdo con la Encuesta Nacional sobre la Dinámica de las Familias en México, ENDIFAM, del 2005, elaborada por la Unidad de Estudios de Opinión del Instituto de Investigaciones Sociales de la UNAM, conjuntamente con el DIF, en 13 millones de familias lxs niñxs crecen en un entorno de violencia y gritos por parte de sus padres.

En tanto, en 2008, el DIF recibió 59 240 denuncias de maltrato infantil, solamente 4 656 denunciaron ante el Ministerio Público. De todo el país, Coahuila registró el mayor número de denuncias con 8 964, seguido de Nayarit con 7 276 y el Estado de México con 5 378, señaló en febrero de 2012 el portal de internet *Comunicación e Información de la Mujer* A.C., CIMAC.

Durante un encuentro en San Lázaro, en la Cámara de Diputados, con motivo del Día Mundial para la Prevención del Abuso Sexual Infantil que se recuerda el 19 de noviembre, el 18 de noviembre de 2014, Marina Mandujano Curiel, directora general del Centro de Estudios para el Adelanto de las Mujeres y la Equidad de Género, CEAMEG, aseguró que según datos de la Organización de las Naciones Unidas, ONU, cada minuto cuatro menores sufren abusos sexuales en América Latina y al menos tres son niñas. Además señaló que de acuerdo a datos de la Organización para la Cooperación y el Desarrollo Económicos, OCDE, México ocupa el primer lugar a nivel mundial en abuso sexual, violencia física y homicidios de menores de 14 años, al registrar 4.5 millones de niñas y niños víctimas de abuso sexual cada año, de los cuales únicamente el 2% de los casos se conocen en el momento que se presenta el abuso. Es por ello que el 6 de mayo de 2016, se publicó en el Diario Oficial de la Nación, el 19 de noviembre como Día mundial contra el abuso sexual infantil.

Aunque muchas veces no se denuncia porque el abusador se encuentra dentro del núcleo familiar, definitivamente las agresiones sexuales contra niñas y niños no son un fenómeno raro. En el libro *El sexo que se calla*, de Diana Sullivan y Louis Everstine señalan que entre un 15% y un 45% de las mujeres y entre un 3% y un 9% de los hombres han sido traumatizados sexualmente durante la infancia, en relación a los hombres lxs autorxs plantean que no es preciso porque muchos de ellos no lo comentan jamás ya de adultos, o incluso lo reprimen y lo alejan de la consciencia hasta tiempo después.

1.2 Guardar el secreto y se consuma la violencia sexual

Janet recuerda que no denuncio el abuso sexual infantil porque no conocía sobre el tema, sus padres jamás hablaban de sexualidad, no sabía que era un delito, además tenía que guardar el secreto así se lo prometió a su hermano, era sólo una niña de no más de 10 años, vivía con miedo y por ello como un recurso de sobrevivencia su mente lo olvido. Ahora de adulta ya no se puede denunciar.

En el libro *Padres que odian*, de Susan Forward y Craig Buck definen el Abuso Sexual Infantil también llamado incesto desde el punto de vista psicológico como:

Toda una gama de comportamientos y relaciones, que incluyen el contacto físico con la boca, pechos, genitales, ano o cualquier otra parte corporal de una niña o niño, cuando el objeto de dicho contacto es la excitación sexual del agresor. Y este último no tiene que ser necesariamente un consanguíneo; puede ser cualquiera a quien los infantes consideren como miembro de la familia; así, un padrastro o un pariente político.

Lxs autorxs añaden que dicho comportamiento tiene que mantenerse en secreto, porque un padre que besa y abraza a su hijx es normal para el bienestar emocional del infante, pero si el padre toca los genitales de la niña o niño, o hace que él o ella toque los suyos, lo hace en secreto, entonces es una relación incestuosa. Además agregan como incesto psicológico aquel en donde las víctimas no son tocadas ni agredidas sexualmente pero han tenido la vivencia de una invasión de su intimidad y seguridad; por ejemplo, que espíen a lxs infantes mientras se bañan, o dirigirles repetidos comentarios seductores. Las víctimas suelen sentirse violadas y sufren muchos de los síntomas psicológicos que presentan las que sí vivieron un incesto consumado.

La definición jurídica del incesto es sumamente estrecha, en varios países lo definen como penetración sexual entre consanguíneos; así, millones de personas no se dan cuenta de que han sido víctimas de incesto porque en el contacto no hubo penetración, explican Susan Forward y Craig Buck.

Para Janet, un abuso sexual infantil es todo aquel tocamiento que incomoda, molesta, trauma y disgusta al menor, además de que el adulto ya tiene conciencia del daño y la responsabilidad de su sexualidad, mientras que la niña o niño no, por lo que éstx puede llegar a sentir placer pero no por ello es culpable.

La Ley General de Acceso de las Mujeres a una Vida Libre de Violencia, artículo 6, párrafo v, define violencia sexual como

> Cualquier acto que degrada o daña el cuerpo y/o la sexualidad de la víctima y que, por tanto, atenta contra su libertad, dignidad e integridad física. Es una expresión de abuso de poder que implica la supremacía masculina sobre la mujer, al denigrarla y concebirla como objeto.

Además, la Asociación para el Desarrollo Integral de Personas Violadas, A.C., ADIVAC, define como violencia sexual al patrón de conductas "consistentes en inducir a la realización de prácticas sexuales no deseadas o consentidas, a partir de la intimidación, que generan control, manipulación o dominio de las mujeres, la pareja, niñas, niños, adolescentes y ancianos".

Es así como el abuso sexual infantil es parte de la violencia sexual, ésta es más amplia porque dentro de ella se encuentra la violación, el hostigamiento, los abusos, por ello se manejaran ambos términos.

La violencia sexual se generaliza en entornos sociales donde predomina la gente adulta y se ordena que las niñas y los niños obedezcan sin cuestionar. Pensaba en cómo los niñxs son vulnerables frente a lxs adultxs y más cuando se ejerce algún tipo de violencia, recordé una escena que ocurrió en mi clase de danza, e imaginé que así pueden comenzar los abusos sexuales infantiles sin creerle a lxs niñxs.

1.3 Sí, ME BESÓ EN LA BOCA

Era domingo, como cada ocho días acudí a mi clase de Danza, me sentía en confrontación con el tema de Abuso Sexual Infantil, el día anterior tuve una charla con una sobreviviente, era una mezcla de impotencia y desasosiego.

En el momento de mi reflexión interna, sentada en una banca del salón donde había finalizado el ensayo, Shanty comenzó a llorar, la pequeña de cuatro años, hija de una de las compañeras de danza, se puso así porque Daniel la besó, no observé el acto, sólo volteé cuando ya lloraba.

Cuando pregunté por qué lo hacía, su llanto le impedía hablar, fue así como su madre me dijo

—Hay nada más está haciendo drama, Daniel la besó, narró.

—¿En la boca?— pregunté; no, en toda la cara, pero exagera, contestó la madre.

La niña por fin pudo hablar y gritó —no es cierto, sí me besó en la boca, continúo con el llanto.

Daniel es un joven de 19 años de edad, que se aprovecha de una niña de cuatro años; a manera de juego, todxs lxs del grupo comenzaron a burlarse de la pequeña.

—¡Ay! te beso, ¡huácala!, fuchi, tiene muchos microbios, decían los compañeros, mientras ella seguía llorando y más fuerte cuando hacían ese tipo de comentarios y más.

Enseguida Pepe de 30 años, maestro de primaria dijo; ya no llores, porque si no yo también te voy a besar ¡eh!, sentenció.

Shanty que ya estaba más calmada volvió a llorar.

Lo único que se me ocurrió fue abrazarla, preguntarle si le molestó mucho que Daniel la besara, ella afirmó, ¿quieres que le pegue?, pregunté.

—Sí, contestó junto con un movimiento de cabeza.

Me sentí tan vulnerable como quizás ella se sentía, recordé el tema de abuso sexual infantil. En ese momento, mire a todos los presentes, la maestra de danza, su esposo, una señora, dos mujeres entre ellas la mamá y tres hombres, todxs adultxs, la niña tan pequeña, reflexioné: cómo es que puede iniciar un Abuso Sexual Infantil, en un contexto de este tipo, de burla, de comentar que exagera, menospreciando a lxs infantes, de no darle importancia a lo que la niña está sintiendo en este momento, como si no valiera o valiera menos.

Sentí el impulso de pegarles a los dos chicos, aunque sin fuerza, al que besó a Shanty, y al que dijo que la iba a besar si seguía llorando. Todos lo tomaron como cualquier cosa. Para mí significó demasiado, quisiera poder defender y ayudar a las niñas y los niños que sufren abuso.

Recuerdo la entrevista con Karla Barrios Rodríguez, psicóloga por la Universidad de Negocios, ISEC, y psicoterapeuta sexual por la asociación civil, Profesionistas en Psicoterapia Sexual Integral, sobre cuáles son las consecuencias del Abuso Sexual Infantil, no sólo es un problema de salud pública sino social "conjuga de manera brutal todas las formas de violencia, y deja como consecuencia el exilio de la propia tierra, ya que impacta todas las esferas de vida de las personas que lo viven".

Barrios Rodríguez ha dado talleres a Mujeres supervivientes de abuso sexual infantil y/o adolescencia, en la asociación civil Caleidoscopia, espacio de Cultura, Terapia y Salud Sexual, considera fundamental no relacionar el Abuso Sexual Infantil sólo con la sexualidad, sino con abuso de poder del agresor hacia las niñas y los niños. Una persona tiene poder sobre otra cuando la obliga a realizar algo que ésta no desea ya sea por medio de amenazas, chantaje, manipulación, fuerza física, lo que le impide el uso y disfrute de su libertad, alguien con poder no sólo es por la diferencia de edad, abarca otros factores.

Barrios Rodríguez reflexiona:

> El abuso sexual infantil es para mí el conjunto de todas las violencias dirigidas a niñas y niños, que conmociona toda la experiencia de Ser, al mismo tiempo mutila a las sociedades desde la semilla, ya que niñas y niños son la base de todo lo que construimos en lo relacional y social, si lxs niñxs crecen desde las violencias y la discriminación muy probablemente crecerán con la vivencia de indefensión ante las mismas y con "normalización" de todas las formas de violencia, situación que sólo contribuye a la replicación y justificación de ésta.

Añade que los abusos sexuales pueden ocurrir entre iguales, a partir de amenazas o seducción, pero la diferencia de edad puede ser mínima o inexistente, y cada vez es más frecuente en nuestra sociedad. Es así que mediante algún tipo de violencia e intimidación se ejecuta este problema. Janet narra el tercer abuso que vivió, en donde el dolor consumió su sentir, sin comprender porque su mejor amiga lo hizo.

El otro abuso es de mi hermana, sólo es dos años mayor que yo, es mi mejor amiga, casi no hablo mucho pero cuando lo hago es con ella, mi mamá siempre me dice que la acompañe a comprar, vamos juntas, reímos y lloramos, es mi confidente, aunque el otro día me hizo enojar y llorar mucho porque le conté que me gustaba un niño, ya saben, de esos secretos que no queremos que nadie se entere, en un momento de enojo le dijo a mis otras hermanas y eso no me agradó.

A veces nos quedamos solas porque mis demás hermanas estudian temprano, mi padre se sale a comprar. El otro día, llevaba el Nenuco que me regalo mi mamá, le dije que jugáramos a la comidita, ella me dijo que tenía un nuevo juego más divertido y de adultos, no entendí, pero eran de esos juegos que jugaba con mi hermano.

Me pidió que solo me quedara quieta y ella hacía todo, así jugamos a que éramos adultos, me daba una bebida y me dormía, me cargo hasta la cama, me desvistió y comenzó el tocamiento, sentí mucha incomodidad y no entendía porque mi hermana, me hacía esas cosas.

1.4 Ente oculto en nuestras relaciones: violencia

A partir de la violencia psicológica, física, e intrafamiliar se ejecuta el Abuso Sexual Infantil. Recuerdo a Shanty, ella manifestó la incomodidad de que Daniel la besará, la respuesta fue recibir burla y risas, es decir; violencia psicológica y así es como se normaliza.

Marta Torres Falcón en su libro *La violencia en casa*, define violencia como "un acto que produce daños de índole y magnitud diversas, y que transgrede el derecho de la víctima a la integridad física, emocional, y sexual".

Y define la violencia familiar cuando lo anterior se ejecuta en el hogar y explica:

> En nuestras sociedades, lo normal es que al hablar del <jefe del hogar> la gente se refiere al hombre de la casa>, quien suele desempeñar el papel de esposo...Las otras personas que viven en el mismo sitio, es decir, la esposa y los hijos, también lo consideran el jefe. Esta posición está fundamentalmente definida por el género, aunque también interviene la edad.

Existen muchos tipos de violencia, en *La violencia en casa*, describen cuatro; física, psicológica, sexual y económica. Cualquier tipo de violencia de ninguna forma es aceptable. El mismo Estado ejerce violencia estructural al permitir tanta pobreza en el mundo, además al solapar a pederastas con puestos políticos o religiosos.

En el libro *Violencias sociales*, sus autores Jorge Corsi y Graciela María Peyrú, definen violencia como:

> Fuerza física usada para lastimar, dañar o destruir; acción extremadamente ruda. Fuerza o energía poderosa intensa, generalmente devastadora o explosiva. Uso injusto de la fuerza o poder, como en la violación de los

derechos de otros, etc.; el daño hecho por dicho uso. Gran fuerza de sentimientos, conductas o expresiones; vehemencia; furia.

Corsi y Peyrú añaden:

> Cuando el abuso de poder es explícita o implícitamente aceptado por las normas o por las costumbres, la violencia se 'normaliza' y, por lo general, permanece ignorada u oculta, a menos que el daño infligido adquiera proporciones desmesuradas y difíciles de esconder. Ejemplos...la violencia familiar...

Las causas de las violencias sociales son múltiples y están interrelacionadas entre sí, generan creencias y conductas que provocan que ocurra el abuso sexual infantil.

La Ley General de Acceso de las Mujeres a una Vida Libre de Violencia menciona siete tipos de violencia: psicoemocional, física, patrimonial, económica, contra los derechos reproductivos, feminicida y sexual.

De esta manera, aunque no legitimada como tal, la violencia abarca nuestro entorno, es el ente oculto que se encuentra en nuestras relaciones, desde pequeñxs, hasta adultxs, en el trabajo, la escuela y principalmente la familia.

En la Ley General de Acceso de las Mujeres a una Vida Libre de Violencia, publicada en 2007, se define violencia familiar como:

> El acto abusivo de poder u omisión intencional, dirigido a dominar, someter, controlar, o agredir de manera física, verbal, psicológica, patrimonial, económica y sexual a las mujeres dentro o fuera del domicilio familiar, cuyo

agresor tenga o haya tenido relación de parentesco por consanguinidad o afinidad, de matrimonio, concubinato o mantengan o hayan mantenido una relación de hecho.

En esta definición aunque sólo se nombre a las mujeres, la realidad es que lxs infantes también la padecen.

Para Marcela Lagarde la violencia de género, es decir la violencia por el solo hecho de ser mujer, sintetiza formas de violencia sexista y misógina, clasista, etaria, racista, ideológica y religiosa, identitaria y política. Por todo lo anterior podemos darnos cuenta que mientras la "normalización de las violencias", el sistema patriarcal, el machismo y la misoginia sigan vigentes en nuestra identidad, en nuestras relaciones y en el entorno social, será muy difícil tomar plena conciencia de la presencia de las violencias que se presentan en nuestro entorno.

En el libro *La violencia en casa*, de Marta Torres Falcón, se dice que la violencia de género existe a partir de la desigualdad radical del mismo. Señala que todavía las mujeres de todas las edades y clases sociales, en su mayoría, siguen supeditadas a los hombres: primero al padre, luego al marido, en ocasiones a los hermanos, etcétera.

De igual manera, al analizar la situación de las niñas y los niños puede verse cómo se redefine esta situación en función del género y las relaciones de poder; al respecto, Marta Torres señala:

> Las desigualdades sociales se reproducen y muchas veces se fortalecen en el hogar...Los subordinados, débiles o vulnerables (niñas, niños, adolescentes, la

mujer) en el núcleo familiar se definen en función del género, la edad, la aptitud física o mental y la orientación sexual, entre otras variantes.

Torres Falcón considera que las desigualdades entre hombres y mujeres están presentes en todas las sociedades de Oriente y Occidente, aunque existen países que dicen ser democráticos como Estados Unidos, Inglaterra y Canadá, en éstos mismos las mujeres iniciaron un movimiento para denunciar la violencia doméstica.

Otro tipo de violencia es la sexual, la *Ley General de Acceso de las Mujeres a una Vida Libre de Violencia*, artículo 6, párrafo v, la define como

> Cualquier acto que degrada o daña el cuerpo y/o la sexualidad de la víctima y que por tanto atenta contra su libertad, dignidad e integridad física. Es una expresión de abuso de poder que implica la supremacía masculina sobre la mujer, al denigrarla y concebirla como objeto.

En la mayoría de las mujeres sobrevivientes de Abuso Sexual Infantil entrevistadas no hubo violencia física, fue más la sexual, psicológica y familiar porque a partir de la intimidación y la manipulación los agresores abusaron de ellas, y eran conocidos.

1.4.1 Obedecer y callar: mandato hacia las mujeres

De acuerdo con el Diccionario de la Real Academia Española, "género es el conjunto de seres que tienen uno o varios caracteres comunes". La definición sociológica del mismo diccionario es:

Identidad generada por el rol sexual de la persona. Los términos sexo y género se usan indistintamente; aunque el primero se refiere de forma específica a las características biológicas y físicas que convierten a una persona en hombre o mujer al momento de su nacimiento, y género se refiere a las conductas de identificación sexual asociadas a miembros de una sociedad.

Para Marcela Lagarde en *Política y Género*, perspectiva de género es "una visión científica sobre la sociedad a partir de la cual es posible observar las diferencias y las semejanzas entre hombres y mujeres, así como la desigualdad prevaleciente entre ambos".

De acuerdo a la *Guía metodológica para la sensibilización en género: una herramienta didáctica para la capacitación en la administración pública. La perspectiva de género* volumen 2, editada por el Instituto Nacional de las Mujeres, en 2008, se define perspectiva de género:

> La perspectiva de género es una mirada analítica que indaga y explica cómo las sociedades construyen sus reglas, valores, prácticas, procesos y subjetividad, dándole un nuevo sentido a lo que son las mujeres y los hombres, y a las relaciones que se producen entre ambos. Dado este sentido relacional, la perspectiva de género no alude exclusivamente a "asuntos de mujeres", sino a los procesos sociales y culturales que convierten la diferencia sexual en la base de la desigualdad de género. Asumirla como un asunto de mujeres, equivaldría a invisibilizar la participación masculina en dichos procesos, ya sea como agentes reproductores de la desigualdad, o por el contrario, como agentes del cambio y promotores de la equidad de género.

Es así como a partir de la diferencia sexual marcada en la sociedad crece una desigualdad económica, social y política, por lo que las mujeres, niñas y niños son lxs más afectadxs. De este modo, la manera de pensar, sentir y comportarse de ambos sexos se debe a construcciones sociales y familiares asignadas de distinta manera a hombres y mujeres.

De acuerdo con el Informe Mundial sobre la Violencia y la Salud de la Organización Mundial de la Salud, comentada en la Encuesta Nacional sobre Violencia contra las Mujeres 2003, en diversos países se encontró que entre 10% y 69% de las mujeres encuestadas mencionaron haber sido agredidas físicamente por su pareja en algún momento de sus vidas.

También se ha identificado a través de investigaciones cuantitativas y cualitativas, que la violencia alcanza dentro del hogar no sólo a las mujeres, sino a otros miembros de la familia que se encuentran en desventaja como lxs menores, adultxs mayores y las personas con alguna discapacidad.

En la obra *El Género la construcción cultural de la diferencia sexual*, Martha Lamas, indica:

> En muchas ocasiones las diferencias de género son tratadas como algo natural y si encontramos que una mujer se quiere salir de la esfera de lo natural, o sea, que no quiere "ocuparse de la casa", se le tacha de antinatural; por el contrario para los hombres lo "natural" es rebasar justamente el estado natural, es decir, volar, sumergirse, enfrentarse a todo aquello que se considere imposible de lograr por el hecho de que las características de la especie lo permiten.

En el mismo libro, Robert Stoller menciona que género es una categoría en la que se articulan tres instancias básicas. 1) La asignación (rotulación, atribución) de género, 2) La identidad de género y el papel de género.

1) Se refiere a la categorización en el momento de su nacimiento y la visibilidad de sus genitales, se define así si es niña o niño.

2) En la identidad, a los tres años, lxs niñxs interiorizan la diferencia entre ambos sexos, el género lxs hace identificarse en todas sus manifestaciones, sentimientos o actitudes, comportamientos, diferencia de juegos para "niñas" o "niños"; por ejemplo, rechazar algún juguete, utilizar distinto color en la ropa para diferenciar el género, no cuestionan y aceptan lo que sus padres les imponen, así construyen su identidad de género.

3) En el papel de género, también conocido como rol de género, se forma con el conjunto de normas y prescripciones que dictan la sociedad y la cultura sobre el comportamiento femenino o masculino. Si visualizamos la cultura patriarcal que impera en México, las niñas crecen bajo una vulnerabilidad mayor que los niños por el rol de género.

En la mayoría de las familias mexicanas, los infantes crecen con la idea aprendida de que "el jefe de la casa" es el padre, proveedor y representante de las responsabilidades públicas y el símbolo de la autoridad sobre la mujer y lxs hijxs.

Así se crece en un ambiente de discriminación hacia la mujer, se mira como subordinada, débil y dependiente. Este modelo se refuerza en la escuela. Pueden ocurrir casos en donde la madre sea la autoridad en casa, aun así se cae en relaciones de poder y violencia.

Janet recuerda que aunque su madre era quien mandaba en el hogar, a ella y a sus hermanxs lxs educó en una cultura machista de sumisión y obediencia.

Mi madre siempre nos educó para obedecerla a ella y servirle a los hombres, mi padre parecía un cero a la izquierda y era porque mamá con el carácter que tenía había cambiado los roles de poder, porque éste un tiempo fue alcohólico, entonces su culpa no lo dejaba y mamá llevaba el mando. Me sorprende saber que aunque era mujer seguía fomentando la cultura de machismo, nos hacía servirle a mi hermano mayor, al que abuso de mí, no sólo sexual, sino psicológica, le llevábamos a su cuarto la comida, nos la aventaba.

Ella nos inculcó que la mujer tenía la culpa, no podíamos salir porque era noche, no quería vernos jugar sólo hacer limpieza, atender a los hombres, besar la mano a lxs abuelxs. Cuando le conté del abuso llegó a decir que fue mi culpa, que me había gustado por eso no lo dije y ya para qué lo contaba.

En su obra *El mexicano ante la sexualidad* María Teresa Döring expresa:

> Los sentimientos de culpa surgidos en la víctima le hacen tener este tipo de reacciones. Si se ha hecho merecedora de tal trato, de alguna manera debe haberlo provocado. Hay que espiar las culpas a costa del desarrollo y oportunidades futuras. ¡La violación no ha terminado, se perpetúa!...

María Teresa Döring, trata de mostrar por medio de entrevistas a varias personas las actitudes y prejuicios más generalizados con respecto a la sexualidad. Entiende a ésta no como genitalidad, dado que esta última se limita a la expresión de relaciones coitales; sino que abarca todas nuestras acciones, relaciones a todos los niveles, de trabajo, amistosas, creativas, y recreativas, de búsqueda, exploración, estudio, familiares, de madres a hijos, relaciones eróticas y de pareja.

Con base, en el artículo *Sexualidad y Género: la voluntad de saber feminista*, de Marta Lamas, el movimiento feminista hace hincapié en que la libido es idéntica en hombres y mujeres, y que la restricción impuesta por la cultura es diferenciada ya que la construcción que cada sociedad hace de la sexualidad se da dentro de una lógica cultural sobre la diferencia sexual que es el género.

Es así como la sociedad fabrica las ideas de lo que deben ser los hombres y las mujeres bajo el signo de violencia, la cultura ejerce una represión al delimitar las características que "debería" tener cada sexo. Además de la construcción social asignada a cada género la cual provoca una desigualdad y una sociedad patriarcal en donde los hombres se otorgan mayor poder y controlan los asuntos políticos, económicos, religiosos y sociales, reforzando los estereotipos de obediencia y sumisión de la mujer.

Implementar una educación con perspectiva de Equidad de género y de No Violencia, ayudaría a erradicar el abuso sexual infantil.

En el artículo *La no violencia para las mujeres. ¿Una utopía para el siglo XXI?*, del libro *Cartografías del feminismo mexicano, 1970-2000*, Adriana Vega Estrada explica que en la Declaración sobre la Eliminación de la Violencia contra la Mujer de la Asamblea General de Naciones Unidas, define violencia de género cómo:

> Todo acto de violencia basado en la pertenencia al sexo femenino que resulte o pueda tener como resultado un daño o sufrimiento físico, sexual, o psicológico para la mujer, inclusive las amenazas de tales actos, la coacción o privación arbitraria de la libertad, tanto si se producen en la vida pública como privada.

El movimiento feminista mexicano tuvo que romper la barrera del silencio que existía en torno a la violencia; inició la búsqueda de herramientas para romper los atavismos culturales que encierran a la mujer en estereotipos propios de la víctima y la condenan a ser un ente pasivo, dependiente de las decisiones, deseos y actitudes de los demás, rechazó el acatamiento que destruye a miles de mujeres cada año, así lo explica Vega Estrada, en *La no violencia para las mujeres.*

Existe también la violencia sexual que denunciaron las feministas, entendida ésta como:

> Prácticas sexuales no deseadas, que generan dolor físico o emocional, como son la violación, el hostigamiento y el abuso sexual. Este tipo de agresión en todas sus manifestaciones es, en sí, denigrante, pero cuando se ejerce contra las mujeres tiene una serie de prejuicios y conceptos misóginos que la hacen ver como natural o carente de importancia. La violencia sexual es una forma de violencia social con contenido sexual que implica valores atribuidos a los géneros: fuerza y dominio concedidos al masculino, debilidad y sumisión al femenino. Este tipo de violencia se ha considerado históricamente un <derecho> implícito del hombre, del más fuerte [explica Adriana Estrada en el mismo artículo].

El movimiento feminista fue de gran importancia para visualizar la violencia de género, sexual e intrafamiliar como problemática social y la responsabilidad del Estado de atenderla, fue un gran paso para cambiar los estereotipos sociales. A partir del mismo, también se comenzó a hablar del abuso sexual infantil.

Aunque sólo se menciona a las mujeres como víctimas de violencia, la realidad es que también hombres viven este tipo de situaciones, aunque en un grado menor.

1.4.2 Cultura patriarcal y machista en familias mexicanas

Además de la violencia generalizada que se vive en la sociedad mexicana, la sociedad patriarcal y conductas machistas son causas del problema de abuso sexual infantil.

Se entiende como "patriarcado" una estructura social jerárquica, basada en un conjunto de ideas, prejuicios, símbolos, costumbres e incluso leyes respecto de las mujeres, por la que el género masculino domina y oprime al femenino, así lo señalan María Luisa Montero García y Mariano Nieto en su texto *El patriarcado: una estructura invisible.*

Además, señalan que la diferencia entre machismo y patriarcado, es que el primero es una actitud y conducta individual o colectiva; mientras que el patriarcado es toda una estructura social en la que muy diversos factores se entrelazan y refuerzan mutuamente para hacer posibles actitudes y conductas machistas: leyes, costumbres, instituciones, organización económica, educación, publicidad, entre muchas otras.

Las normas y leyes establecidas por el patriarcado son inevitables sobre aquellos que no son hombres, adultos y no esclavos. La palabra infancia viene del latín infantia, que significa sin voz o sin capacidad de elocución. Por ende, para la escala de valores, usos y costumbres de la sociedad patriarcal ni las mujeres ni los niños y niñas tienen voz ni voto.

Mago, una sobreviviente de Abuso Sexual Infantil, recuerda que creció con ideas machistas. Nos vemos en una tarde de domingo, las hojas de los árboles caen y son pisadas por los transeúntes, el otoño está por llegar y con él se prepara Mago para enfilarse en un nuevo periodo laboral de fin de semana y relata su vivencia.

> Crecí con ideas machistas, mi madre, todo el tiempo se preocupaba por atender a mi padre, tanto que cuando éste falleció, ella cayó en depresión y nos descuidó. Jamás se habló de la sexualidad en casa, nos decía también que teníamos que casarnos, tener hijos, el típico rol de mujer que seguí sin cuestionar.

Ya desde la conocida "Época de Oro" del cine mexicano, durante los años 1936-1969, se reforzó la imagen del hombre mujeriego, bebedor, protector, dueño de la razón, sostén del hogar y sexualmente siempre dispuesto, característico de una sociedad machista.

En el libro *El machismo invisible*, de Marina Castañeda, se define al machismo como:

> El conjunto de creencias, actitudes, y conductas que descansan sobre dos actitudes básicas: por un lado la polarización de los sexos, es decir una contraposición de lo masculino y lo femenino que no sólo los hace diferentes sino mutuamente excluyentes; por otro, la superioridad de lo masculino en las áreas consideradas importantes por los hombres.

El Abuso Sexual Infantil tiene un contexto social de machismo a partir de las relaciones de poder cargada de violencia hacia la mujer y lxs infantes, casi siempre justificándola y ocultándola tras la idea de que es lo correcto, así normalizar la violencia.

A partir del núcleo familiar, de la convivencia diaria entre padres e hijxs, el hombre o quien ejerce el poder en ese momento tiene supremacía hacía las y los demás y se visualiza el autosacrificio de la madre. Así es como se integra el guión de los papeles de género, entonces se reproducen los códigos sociales; las hijas no dicen nada, calladitas se ven más bonitas, frases que socialmente son conocidas, atender al hermano, a su padre, más tarde al marido, y se educan entonces con los roles diferenciados para hombres y mujeres.

En su libro *Con mi hij@ no*, Lydia Cacho, explica que "lxs historiadores fueron incapaces de sustraerse de su masculinidad patriarcal por lo que validaron la educación a través del maltrato, al lado de los padres del derecho penal, producto de la misma cultura que enseña a las mujeres y niñxs a callar y a los varones a abusar". Añade que así se normalizó el lenguaje sexista que promueve los valores de exclusión, por ejemplo cuando se dice hombre para referirse a ambos sexos, y la gente se resiste a incluir lo femenino en sus escritos.

De esta manera, se inculcó en las niñas y niños historias de terror, que siembran en ellxs, miedo a la vida, desconfianza, racismo, sexismo, y violencia normalizada; constantemente se les enseñan valores contradictorios que se reproducen en la vida adulta y podría evitarse si la sociedad decide detener el proceso de fortalecimiento de valores discriminatorios y dañinos.

Un ejemplo de lo anterior, es la frase que se escucha constante en las escuelas públicas, en la calle, en los hogares, entre infantes pero también la gente adulta reproduce estos comentarios y más, cuando un niño está llorando el/la otrx le dice, "lloras como niña, pareces niña", y lxs demás se ríen, hasta las propias niñas que tienen ya la cultura machista impregnada desde casa. En lxs adultxs resulta igual, un maestro dice, "¡Ay! Alfonso se pone como niña", cuando le pregunté a qué se refería dijo a "débil, sensible", y añadió "así se entiende porque las mujeres son el sexo 'débil'".

En el libro *Sexualidades en México. Algunas aproximaciones desde la perspectiva de las ciencias sociales*, compilado por Ivonne Szas y Susana Lerner, se explica la marcada diferencia entre hombres y mujeres, al analizar las encuestas realizadas en México por el Consejo Nacional para Control y Prevención del SIDA, Conasida en 1994 y por la Secretaría de Salud en 1988, se evidencia que los comportamientos sexuales que declaran hombres y mujeres, especialmente si son jóvenxs y solterxs, son marcadamente diferentes. Los varones dicen iniciar relaciones coitales más temprano, con parejas no estables o sin vínculos afectivos y tienen mayores prácticas sexuales antes y después de la unión conyugal. En las mujeres el inicio de las relaciones coitales se vincula mayormente con el noviazgo y la procreación.

Las aparentes incongruencias entre los deseos, intereses y necesidades de las personas y las prácticas sexuales despertaron interrogantes sobre las desigualdades sociales y las relaciones de poder que permean esas prácticas.

De acuerdo con los estudios y encuestas a los que se alude en el libro *Sexualidades en México*, de Ivonne Szas y Susana Lerner se observa que existe una divergencia de las prescripciones para varones y mujeres que condiciona, entre otros elementos, la poliginia, la relación entre la ingestión de alcohol y prácticas eróticas, el silencio y el ocultamiento de diversas prácticas, la frecuencia del abuso y la violencia sexuales; estos significados y más muestran relaciones desiguales, de imposiciones, de abusos y de limitaciones a las posibilidades de bienestar en la sexualidad. Con estos datos quedan comprobadas las relaciones de poder, los complejos vínculos que existen entre la construcción de lo masculino y lo femenino y el ejercicio desigual de la sexualidad.

Por ende la lógica de la dominación de género constituye la forma paradigmática de violencia simbólica, para el sociólogo Pierre Bourdieu significa que las personas dominadas comparten la visión del dominante sobre ellas, y se ejerce sobre un agente social con su complicidad o consentimiento. Según él, la violencia simbólica se lleva a cabo a través de "un acto de cognición y de falso reconocimiento que está más allá de, o por debajo de, los controles de la consciencia y la voluntad". De tal manera concluye que la forma paradigmática de violencia simbólica es la lógica de la dominación de género, así lo explica en su libro *La dominación masculina.*

Una vez consolidado el machismo dentro de las familias mexicanas se da una constante violencia de género, muchas veces asumida por las propias mujeres. Los hombres adoptan este supuesto poder que la misma sociedad les ha otorgado y, en muchos casos, violentan a las mujeres y a lxs niñxs.

El poder recogido por el hombre se da a partir de la sociedad patriarcal impuesta desde siglos atrás. Cuando las mujeres daban a luz, los hombres empezaron a exigir su paternidad acuartelando la sexualidad femenina. Las féminas eran recibidas por la familia del hombre por lo que la posición social y los derechos de ellas dependían de la posición de ellos, así se instauró la cultura patriarcal.

Todavía en nuestros días, aunque hay más independencia de las mujeres y están cambiando los roles de género, la sociedad patriarcal tiene un peso mayor en las decisiones del país y del mundo.

Aunado a la cultura patriarcal también existe el tabú de la sexualidad. La conducta sexual aparece en la cultura, las transformaciones sociales, en los discursos, las modas, por ello sólo la podemos comprender en un contexto cultural e histórico.

1.5 Relaciones de poder enmascaran la sexualidad

Michel Foucault en su libro *Historia de la sexualidad* plantea que los seres humanos no siempre vivimos, comprendimos y asumimos la sexualidad como lo hacemos actualmente, considera que ésta no siempre tuvo la posibilidad de caracterizar y constituir una identidad con el poder que tiene ahora. Indica que la represión ha sido "el modo fundamental de relación entre poder, saber y sexualidad".

Para Foucault fue en el siglo XVIII cuando las pestes y las hambrunas empezaron hacer desaparecer a la población, las cúpulas de poder se concentraron en asegurar la reproducción humana y comenzaron a regular el sexo, imponiendo límites, restricciones y prohibiciones. Una vez que la amenaza de muerte disminuyó, hasta finales de ese siglo, las restricciones impuestas por quienes estaban en el poder se convirtieron en poder productivo que generó identidades para ser controladas y garantizar el crecimiento de los regímenes regulatorios.

A finales del siglo XVIII, se instaló en las familias la idea de que el sexo era algo privado, prohibido. Se dijo que sólo se podía tener relaciones sexuales después del matrimonio y condenaban éstas entre personas del mismo sexo.

Foucault concluye que el sexo jamás podrá librarse del poder, porque la formación del sexo es un acto del poder: la discriminación ya viene construida en la misma formulación de nuestro sexo.

En el artículo titulado *Historia de la sexualidad* Carmen Castañeda, explica la importancia que ha tenido la familia con respecto a la sexualidad, es en donde, primeramente, se desarrollan los patrones sobre género y se implementa el patriarcado. Según Focault es en la familia donde el incesto ocupa un lugar central; sin cesar es solicitado y rechazado, secreto temido y juntura indispensable. A parece ante la sociedad como lo prohibidísimo en la familia pero también como lo continuamente requerido para que la familia sea un foco de incitación permanente de la sexualidad.

La prohibición de la sexualidad provoca falta de información sobre la misma, así las niñas y los niños son vulnerables ante los agresores y se ejecuta la violencia sexual.

Otro factor importante que afecta en la problemática de Abuso Sexual Infantil es cualquier tipo de religión, la más popular es la católica, que condena la sexualidad e impide a sus fieles brindar información sobre la educación sexual a sus hijxs, o sólo la interpreta como una forma de reproducción.

Al respecto, en entrevista, Laura sobreviviente de Abuso Sexual Infantil, de ojos cafés, piel morena y pelo corto, explica que en su hogar jamás se habló de educación sexual por ello ocurren los abusos. "Fue una falta de atención de mis padres, sí hay un trasfondo de violencia intrafamiliar pero también la escasez de educación sexual. En casa jamás hablamos de sexualidad, en ese aspecto eran muy cerrados."

En entrevista el sexólogo clínico y psicoterapeuta sexual José Manuel Hernández considera que el problema del Abuso Sexual Infantil no sólo tiene que ver con la educación sexual, sino que lo ubica en tres ejes, el tabú de: la violencia, la sexualidad y la familia.

> Me parece que la falta de educación, no sólo sexual, atraviesa por la cuestión de equidad de género, la cual está ligada a la violencia, que tiene que ver con la desigualdad de poder que se da en la sexualidad, en donde lo masculino socialmente es mejor que lo femenino, y se lleva al plano más íntimo que es la sexualidad y se da a partir de las jerarquías institucionales y laborales, entre otras.

Las relaciones de poder, junto con la violencia y la sociedad patriarcal permean en el problema de Abuso Sexual Infantil. Para Jorge Corsi y Graciela Peyrú, autores de *Violencias sociales*, al ejercer la sexualidad

> Se vislumbran relaciones de poder, éste tiene como objetivo central el control y el dominio de los otros. Ser el blanco de tal poder puede tener efectos nocivos; incluso puede ser una causa del estrés postraumático. Desorden que resulta de haber sido víctima de las distintas formas de abuso de poder.

Dentro de una vivencia de abuso sexual infantil existe el poder que ejercen lxs adultxs sobre la o el menor, el dominio que tiene sobre su víctima, por el solo hecho de ser adultx, tutorx o mayor de edad, es la diferenciación para la secuela habitual, prejuicio y la violencia.

En el abuso interviene un desequilibrio de poder permanente o momentáneo el uso de la fuerza para la resolución de conflictos interpersonales, aunque esta fuerza no necesariamente sea física sino psicoemocional.

1.6 La otra cara de la moneda

Como cada mañana, Paloma se despierta a las siete, prepara el desayuno para su hija Katy, de cuatro años de edad, y la arregla para ir a la guardería; por las tardes, son sus abuelxs quienes la recogen pues ella tiene que ir a trabajar. Paloma es de tez morena, ojos grandes y complexión media, vive con sus padres.

Cuando Paloma sale tarde del trabajo, su padre con gusto recoge a Katy, él se muestra atento y cariñoso con la niña. Varias veces se ha quedado solo con ella, sobre todo durante el periodo vacacional en el que Paloma tiene que continuar trabajando.

Paloma no conoce mucho sobre el tema de abuso sexual infantil, en entrevista confiesa sólo saber lo que dicen en la televisión, son hombres ajenos de la familia, principalmente sacerdotes, o a veces sucede dentro del hogar. Cuando la cuestioné sobre cómo identificar si vive o no abuso su hija, respondió que no sabía con exactitud, pero seguro le tendría miedo al abusador, (más adelante se explica que no siempre es así) lo mismo mencionó al preguntarle si conoce las secuelas que presentan las víctimas de Abuso Sexual Infantil.

Las niñas y los niños víctimas de abuso sexual pueden presentar una enorme gama de condúctas en respuesta a la agresión, esto depende de diversas variables como la edad, las condiciones psicológicas de la víctima, el conocimiento sobre sexualidad que se tenga, el tipo de agresión, si fue hostigadx por un extraño o por alguien conocido en quien confía, reacciones negativas ante el hecho por parte de policías, padres, hermanxs, parientes, amigxs y maestrxs.

Diana Sullivan y Louis Everstine, explican en su libro, *El sexo que se calla*, que las características de lxs menores abusados sexualmente, a partir de las cuales es posible detectar si alguien vivió abuso son: problemas en la escuela, baja autoestima, desconfianza, introversión, vulnerabilidad, miedo excesivo y ansiedad, cólera hacia todxs los demás menos contra el agresor por el temor que le tienen, mostrar o decir a lxs demás lo que les hicieron repitiendo algunas conductas sexuales en público; depresión constante, culpa o vergüenza por haberse dejado y no lo hablan, pueden presentar problemas somáticos sin ninguna causa orgánica, tales como: orinarse en la cama, miedo a la obscuridad, dolores de cabeza, no poder dormir, pesadillas, escuchar ruidos extraños durante la noche, entre otros.

En entrevista la psicoterapeuta sexual Karla Barrios Rodríguez considera que las características dependerán en gran parte de las habilidades propias de cada infante para afrontar las situaciones, además del tiempo de duración del abuso, intensidad de la violencia física y psicológica empleada, así como el tipo de agresión; además de la edad y maduración emocional en el momento que ocurrió el abuso, existencia o no del apoyo familiar tras la revelación y las consecuencias derivadas. Durante su niñez Janet lo vivió así.

> Luego de la primera emboscada de tocamientos de mi padre durante la noche, apreté fuerte los ojos, no deseo ver a aquel monstruo, me vuelvo tímida y asustadiza, no puedo dormir y despierto en varias ocasiones a mi madre, ella, dice no hay nada, trata de hacerme dormir dándome palmaditas en la espalda que me tranquilizan. El miedo es tal, que comienzo con malestares de gripe y en dos o tres ocasiones me orino en la cama, causándole un enojo muy grande a mi madre, pues ya tengo cinco años, es inaudito.

En entrevista, el psicoterapeuta y sexólogo clínico, José Manuel Hernández considera que las características no son determinantes pues influye el contexto familiar y social en que se desenvuelven lxs infantes agredidxs sexualmente, algunas más generales y notables son que las niñas y niños cambian su conducta radicalmente, se vuelven aisladxs, agresivxs, regresan a etapas ya superadas como miedos, a la oscuridad, a estar solxs, a ir a la escuela, entre otros.

También comenta que las características varían de acuerdo con la experiencia de cada menor, sobre todo cuando el abusador es alguien cercano o familiar de la/el infante, reflexiona "es importante contextualizar un hecho que vive una persona, los niños en ese momento no racionalizan y suelen reprimir algo que les resulta amenazante", por ejemplo si el agresor es un familiar y aparte de abusar le otorga cariño al niñx, éste no racionaliza que le hacen daño, no está en su contexto que es abuso porque recibe un beneficio.

Además, el psicoterapeuta Hernández agrega que algunxs niñxs no necesariamente callan sobre el abuso por falta de afecto, sino que sus mentes no racionalizan el hecho como dañino y es hasta la edad adulta cuando presentan conflictos en sus relaciones al recordar el suceso, así le sucedió a Janet.

> No recibo ningún tipo de educación sexual, pero en la primaria doy nombre a lo que mi padre me hacía durante las noches y cuando mamá se iba a trabajar, violación. En una ocasión tuve una pesadilla, mi padre me violaba, no tengo presente imágenes, pero al despertar corro a decirle a mi hermana, ella me tranquiliza y dice que es sólo un sueño, yo digo que no, pero no puedo decir más porque no estoy segura, entonces jamás vuelvo a tocar el tema.
>
> Pasan los años, soy adolescente y siento un rechazo inexplicable hacia mí padre, comienzo a buscar opciones para estar el menor tiempo posible en casa, pues no me siento a gusto, soy muy seria y casi no hablo con nadie sobre mi familia.

En el libro *Con mi hij@ no,* la periodista Lydia Cacho describe las principales características a corto plazo del abuso sexual en niñas, niños y adolescentes; entre los ya descritos se encuentran los efectos conductuales principalmente en la adolescencia, como son: consumo de drogas y alcohol, huidas del hogar, lastimarse a sí mismxs, suicidio, bajo rendimiento académico. Los efectos sexuales pueden ser; conocimiento sexual precoz o inapropiado para su edad, masturbación compulsiva, excesiva curiosidad sexual, conductas exhibicionistas, problemas de identidad sexual; en lo social lxs infantxs y adolescentxs suelen tener problemas de relaciones sociales, retraimiento y conductas antisociales.

En entrevista, la psicóloga, abogada, catedrática y coordinadora del Curso de Evaluación Forense de Abuso Sexual Infantil impartido en la Facultad de Estudios Superiores, Iztacala, UNAM, Alba Luz Robles visualiza cinco factores que determinan las consecuencias que presentan lxs niñxs que sufren algún tipo de violencia sexual.

1) Edad del menor, no es lo mismo que se abuse de un menor de dos años a uno de ocho, puede que alguien de dos años aún no entienda el concepto de sexualidad y se olvida del suceso, a diferencia de lo que ocurre con un infante de ocho años que sí sabe qué es bueno o malo y le afecta más psicológicamente.

2) Quién cometió la agresión sexual, no es lo mismo que te toque alguien que nunca has visto en tu vida, a que sea un tío, tu papá, o el hermano mayor. Cuando se trata de una persona cercana y de confianza para lxs niñxs, sienten culpa, y es factible que presenten más consecuencias psicológicas.

3) Red de apoyo, no es lo mismo que una mamá no le crea y le diga que es un chismoso o se trate de un niñx donde sí le ayudan, creen y le facilitan hablar del tema.

4) Cómo se da el abuso; no es lo mismo que sólo te toquen con ropa a que te desvistan o te penetren.

5) Tiempo que dura el abuso sexual infantil, no es lo mismo que sólo ocurra una vez a qué se realice todas las noches, por meses o hasta años.

Sin embargo, a diferencia de la abogada Alba Luz Robles, la psicoterapeuta Karla Barrios, describe que pueden presentar la misma afectación lxs niñxs que vivieron abuso sexual infantil a temprana edad, que los que son mayores de diez años, llega a ocurrir que lxs primeros por la corta edad lo olviden pero años más tarde lo recuerden y tengan dificultad para disfrutar la vida.

Aparte de los efectos físicos, sexuales, conductuales y sociales que presentan las víctimas de abuso sexual infantil, también se dan emocionales; los síntomas son miedo generalizado, hostilidad y agresividad, culpa y vergüenza, depresión, ansiedad, baja autoestima y sentimientos de estigmatización, rechazo del propio cuerpo, desconfianza y rencor hacia lxs adultxs, también pueden exteriorizar trastorno de estrés postraumático.

Lydia Cacho en su libro *Con mi hij@ no* describe el trastorno de estrés postraumático, TEPT, como un tipo de ansiedad que ocurre después de experimentar un suceso traumático, que involucra una amenaza de lesión severa o de muerte; algunos ejemplos pueden ser un asalto, una guerra, un temblor, violencia doméstica, o una violación. Los síntomas pueden ocurrir pasado algún tiempo después del suceso, es una forma más prolongada de estrés postraumático, incluso durante años, dependiendo de factores externos, como la ayuda que reciben, las condiciones de vida y la calidad de atención.

En este caso, las niñas y niños que vivieron un Abuso Sexual Infantil pueden llegar a olvidarlo como respuesta del organismo ante tal situación traumática, pero años más tarde lo recuerdan por alguna sensación del cuerpo y pueden llegar a sufrir TEPT.

Karla Barrios, comenta que hay diversos estudios para examinar las consecuencias a corto, mediano y largo plazos del Abuso Sexual Infantil, aunque no todxs lxs víctimxs presentan repercusiones significativas posteriores. Dentro de las huellas psicológicas o emocionales se encuentran; la tristeza, cambios bruscos de ánimo, temor hacía el agresor, rebeldía, vergüenza, culpa, trastornos alimentarios; temor y distorsión, respecto a la expresión sexual, intentos e ideas suicidas, trastornos de ansiedad y sueño.

Durante la búsqueda de sobrevivientes encontré a Azit quien dio una entrevista muy corta en relación a cómo le ha perjudicado el abuso en su vida adulta, no quiso dar más detalles de su vida personal. Con cara rígida, postura firme, baja estatura, Azit narra:

Sí, he intentado suicidarme un par de veces, la más fea fue un día que venía en mi carro, era de noche. Me paré en una avenida no se veía ningún carro aproximarse, el semáforo estaba en rojo y de pronto te juro que lo vi en verde, avancé y otro carro me embistió, es la experiencia más atroz que me ha pasado. Me lastimé la cadera y por poco no vuelvo a caminar. Después en terapia comprendí que intenté suicidarme, en realidad sí estaba en rojo, venía muy estresada de mi trabajo, sentía una soledad muy grande.

Te digo que sé que estaba en rojo porque varias personas de puestos de comida ubicados por ahí, me lo confirmaron, no lo quería aceptar, no quería ver. Sobre mi abuso no quiero hablar, ya no quiero ser víctima.

La experiencia de Azit demuestra que muchas veces las víctimas se intentan suicidar sin siquiera notarlo; por ejemplo, el no comer bien, excederse en el trabajo, mantener una relación violenta; ponerse en situaciones de riesgo que a veces ni las perciben, a este tipo de acciones se les llama suicidios silenciosos, así los nombra la psicoterapeuta y maestra en Estudios de Género, Cristina Sánchez.

1.7 El cuerpo tiene memoria

En entrevista, la trabajadora social y psicoterapeuta corporal Ana Cecilia Salgado, especialista en atender a mujeres que vivieron abuso sexual durante su infancia y/o adolescencia, además de otros temas, explica que las características presentes en quien vive un trauma de esta índole tiene repercusiones en su vida diaria, tales como problemas de alimentación, conductas fóbicas o evasivas, depresiones constantes que varían en cada infante dependiendo de su experiencia.

Para Cecilia Salgado una forma de detectar si un menor vive o vivió Abuso Sexual Infantil es observando detenidamente sus acciones; por ejemplo, cuando juega con muñecos, si se orina en la cama, presenta conductas como retraimiento, vergüenza, y si su comportamiento cambia radicalmente.

Agrega que el cuerpo tiene memoria y ella trabaja con éste, e identifica algunas emociones en sus pacientes sólo con observar. Cuenta que ha tenido solicitantes que no reconocen su cuerpo, están desconectadxs de él. Hay ocasiones en que sus consultantes a partir del movimiento tienen un recuerdo.

Narra la historia de un joven al que le pidió se acostara en el piso, boca abajo, él mostró incomodidad y dijo que sintió un fuerte dolor en el ano; al cabo de varias sesiones, recordó que fue violado en su infancia.

Alice Miller, en su libro *El cuerpo nunca miente*, señala que cuando una persona siente que no debe sentir, y constantemente trata de no sentir lo que se prohíbe, cae enferma, a no ser que proyecte sobre sus hijxs inconfesadas emociones. Dice que el cuerpo sabe de qué carece, no puede olvidar las privaciones, el agujero está ahí.

Miller llega a la conclusión de que cuando una niña o niño reprime sus sentimientos y recuerdos, crecerá con la necesidad de aquello que le hizo falta, atención, protección, afecto, cuidados y disposición a comunicarse con ella, o él, entonces dependerá, una vez que sea adultx, de sus padres o de figuras sustitutivas, de quienes esperará todo aquello que sus progenitores no le dieron de pequeñx.

La autora de *El cuerpo nunca miente*, reflexiona en que el cuerpo tiene memoria, aunque a veces no se tengan recuerdos claros de la experiencia, éste sabe con exactitud lo que nos hace falta o lo que necesitamos. Miller añade que las personas que caen en drogas, alcohol y dependencia de medicamentos u otras sustancias se alejan cada vez más de poner atención a lo que su cuerpo les dice.

Las víctimas de malos tratos, violencia, abuso sexual en su infancia en la actualidad han negado la verdad debido al miedo que sintieron en sus primeros años de vida, con lo que, por lo general, han contribuido a que dicha verdad se encubriera. Si deciden empezar a explicar lo que les ocurrió, las y los terapeutas se verán obligados a ver la realidad y hablar del tabú de abuso sexual, maltrato infantil, violencia sexual, temas que ocurren con frecuencia pero son poco abordados.

Para Laura sobreviviente de Abuso Sexual Infantil, ha resultado una tarea difícil pero reconfortante y la herida duele menos a medida que la aborda. Ella participó en un taller de mujeres sobrevivientes de abuso sexual infantil y/o adolescencia, en la asociación civil Espacio de Cultura, Terapia y Salud Sexual, Caleidoscopia.

> Las principales dificultades, fue sentirme sola en esto, aislada. Utilice las drogas y el alcohol durante mi adolescencia y parte de mi juventud para no ver el problema. Busqué suicidarme, era insoportable vivir así, sentí mucha culpa y vergüenza. Mi agresor, el hijo de mi madre, me niego a llamarle hermano, me hizo creer que era pecadora y sólo servía para el sexo.

Los agresores utilizan un plan persuasivo en sus víctimas, con mucha carga de violencia no necesariamente física, sino psicológica y sobre todo sexual.

En el libro *Abuso sexual infantil intrafamiliar. Un abordaje desde el Trabajo Social*, Marta Del Carmen Podestá y Ofelia Rovea, plantean que los abusadores manejan métodos persuasivos en las víctimas con el fin de hacerlas sentir avergonzadas, con culpas y responsables de lo que está sucediendo; por ello se dice que es un delito basado en la complicidad, pues cuando la niña o niño se atreve a denunciar, el agresor utiliza los mismos métodos persuasivos con lxs jueces, autoridades locales, adultxs, convirtiéndose en un delito tramposo.

Algunos de los métodos persuasivos, que dicen los agresores a sus víctimas son: te lo buscaste por ser mujer, tú me provocaste, eres niña y así les pasa, no te obligue, sólo era un juego y quisiste jugar pudiste decir que no, te gusto no te hagas. Otros procesos que utilizan es darles dinero o dulces a lxs pequeñxs.

Así le ocurrió a Janet en su vivencia de violencia sexual en la infancia, su hermano le daba dinero y dulces, ella sentía culpa porque él le decía que si lo contaba no lo quería, pues era su secreto. Como el abuso sexual es cometido muchas veces por gente en quien lxs niñxs confían y dentro del entorno familiar es difícil tener un perfil del agresor.

Carmen Podesta y Ofelia Rovea, explican que la denuncia se hace a veces a meses o hasta años después de que la víctima sufrió conductas abusivas por parte de su perpetrador. Además, la coerción emocional y/o física que ejerce el abusador sobre la víctima, tiene como fin garantizar su silencio; para el agresor el abuso es el secreto que comparte con la o él menor, dejándole una carga de angustia y culpa a la víctima para que evite decir la verdad.

Sullivan y Everstine en su obra *El sexo que se calla,* sugieren algunos factores en la socialización masculina que podrían jugar un papel importante en la etiología del problema; es decir las causas de que ocurra Abuso Sexual Infantil: cuando los hombres necesitan afecto y se sienten dependientes tienden a buscar un desahogo en términos sexuales, incluso con parejas inconvenientes; cuando su ego sufre un agravio sienten la necesidad del sexo como una manera de reafirmar su funcionalidad, en cambio, como las mujeres son educadas para expresar más su afecto pueden satisfacer sus necesidades sin que el sexo entre en escena.

La psicoterapeuta Ana Cecilia Salgado opina que le resultaría complicado trabajar con los abusadores, nunca lo ha hecho, aunque reflexiona lxs pacientes que ha tenido posiblemente hayan sido en algún momento de su vida agresores pero no lo dijeron durante la terapia.

Explica que es difícil dar características del agresor pero desde su experiencia podría decir que son gente amable, la mayoría son familiares o cercanos al menor por lo que cuentan con la confianza de su víctima. "Creo que todos podríamos ser agresores en el momento de no ser conscientes de nuestra sexualidad. Por ejemplo, si a alguien le excita tocar la piel de un bebé y no lo reconoce, pero abusa, cae en la perversión. Hay mucha gente perversa."

Desde el punto de vista de Salgado, todxs podríamos ser abusadorxs, pero cuando se va a talleres de sexualidad, se educa; se vuelve algo preventivo y se reflexiona sobre el daño que se hace a lxs menores, ya no lo haces.

Sin embargo, el tema de lxs agresores va mucho más a fondo de analizar que en sólo recibir talleres de sexualidad porque como anteriormente se explicó abarca toda una gama de aspectos; violencia, relaciones de poder, sociedad patriarcal, religión, tabús, educación básica.

Carmen Podesta, y Ofelia Rovea, autoras de la obra *Abuso sexual infantil intrafamiliar* comentan que al denunciar un Abuso Sexual Infantil se necesita de la intervención de saberes interdisciplinarios:

legal, médico, social, psicológico, sociológico, antropológico, entre otros; porque lxs víctimas no son atendidas adecuadamente, por no haber gente capacitada en todas estas áreas, y esto puede repercutir en el futuro de las niñas y niños abusados sexualmente.

De la misma manera la sexóloga Barrios opina que no existe un perfil determinado, cualquiera podría ser un agresor sexual, pues la persona abusadora está integrada a la sociedad, y es consciente del delito que está cometiendo o cometió; la responsabilidad de la violencia es de quien la ejerce.

Opina que gracias a las investigaciones en torno a un perfil del agresor se ha contribuido a desterrar el mito de que el abuso sexual en infantes era cometido por extraños que engañaban a sus víctimas llevándolas a otro lugar, en realidad se descubre que la mayoría no presenta trastorno mental y es cercano al contexto de las niñas y los niños.

Lxs abusadores pueden pertenecer a cualquier clase social, religión, cultura, con o sin escolaridad; algunxs son casadxs y con empleo estable, no reconocen su responsabilidad, presentan manipulación, intrusión, abuso de autoridad, control, baja estima de sí mismxs, falta de control de sus impulsos, distorsión cognoscitiva, son funcionales en el ámbito social, familiar, laboral, escolar y sexual, podrían ser consideradxs "normales", con poca habilidad para el manejo de problemas, hostiles, dependientes emocionales, no tienen sentimientos de culpa y son reincidentes, su prestigio le ayuda a que si el o la menor narra lo sucedido no le lleguen a creer. En el libro *El sexo que se calla*, Sullivan y Everstine plantean que generalmente los agresores son varones en el 93% de los casos y mujeres en un 7%.

La mayoría de los padres no están preparados para enfrentar la ruptura familiar o la presión social creada por dar crédito a una denuncia de Abuso Sexual Infantil, muchxs se niegan a creer que un miembro de la familia, o el señor que vive en la esquina, pudiera haber hecho tal cosa.

En relación a lo anterior, ocurren casos en donde lxs infantes denuncian el abuso sexual, pero muchxs adultxs piensan que deben cuidarse de las mentiras, las exageraciones y los "cuentos infantiles", entonces se cree que las pequeñas y los pequeños mienten en tanto no se pruebe que están diciendo la verdad.

"Cuando se lo platiqué a una hermana, recuerdo que me dijo que si estaba segura, que había muchos casos en donde lxs niñxs inventaban historias sexuales, lo mismo me sucedió con una amiga. Se siente horrible que duden de ti, si al mismo tiempo le cuesta creer a una misma", narra Janet.

1.8 CREENCIAS ERRÓNEAS VS LA REALIDAD

No existe un contexto familiar definido donde se produzca el Abuso Sexual Infantil, pero hay algunos aspectos generales que al detectarlos podrían indicar que en esa familia se está viviendo alguna situación de abuso sexual. En el libro de *Abuso sexual infantil intrafamiliar*, las autoras Carmen Podestá y Ofelia Rovea, trabajadoras sociales, realizan una categorización de las situaciones sociales que configuran el abuso sexual infantil intrafamiliar.

Dentro de esta categorización, añaden los mitos, creencias erróneas que la mayoría de la gente acepta como si fuesen verdaderas, entre las más comunes señalan los siguientes; que la familia es siempre un lugar seguro, cuando en realidad la mayoría de los abusadores se encuentran dentro de la misma; o que el abuso sucede sólo en las familias asociadas con la pobreza, la marginalidad y el alcoholismo; lo cierto es que el abuso se da en todas las clases sociales. La diferencia radica en que en las clases más bajas se denuncian con mayor frecuencia; en las clases medias y altas, se ocultan con mayor rigidez y prejuicios estás situaciones.

La población de bajos recursos está más expuesta a la intervención de la comunidad y por ello la develación es más frecuente, en el caso de las familias de clase alta o media alta, lxs menores abusadxs son más vulnerables y están más aisladxs, porque acuden a instituciones privadas y lxs terapeutas por no querer perder a un o una cliente no comentan la situación.

Otro mito es creer que cuando se enteran las madres, éstas, lo comunican inmediatamente, la realidad es que el descubrimiento del abuso constituye un shock traumático para cada una de ellas. La gama de reacciones va desde la incredulidad por la revelación de algo inconcebible, hasta la resignación pasiva, ya que en muchos casos es probable que ellas mismas hayan sido abusadas sexualmente en su infancia.

La realidad es que varía la respuesta de cada madre, según su experiencia personal y cómo vivió su propia infancia; muchas veces tardan mucho tiempo en hacer algo, si lo llegan a hacer reaccionan frente a su hijx, el abusador, frente a sí mismas y hacia lxs demás. Cuando están más seguras de que sus hijxs no les mienten, mayor es la desesperanza de estas madres.

El camino que recorren las mujeres que les creen a lxs infantes abusadxs es duro; deben estar dispuestas a enfrentar la difícil realidad, caracterizada por una cultura machista, la dependencia económica y las presiones ejercidas por el abusador, que por lo general tiene un perfil socialmente aceptado y resulta difícil, por lo tanto, para el resto de la familia creer lo que sucede, así lo comenta en entrevista, Claudio Tzompantzi, psicoterapeuta sexual y maestro en Estudios de la Mujer.

Estás situaciones son las que viven las niñas y los niños con una experiencia de abuso sexual, familias que por no aceptarlo, no le brindan la atención adecuada al menor, madres que se sienten sobrecargadas y quizás con culpa que prefieren ignorarlo.

Por todo ello, las víctimas se acomodan a la situación caótica a la que llegan entrampadas en un vínculo afectivo con el abusador, cuando es de la misma familia, entonces, las niñas y los niños crecen con la confusión constante entre maldad con bondad, mentira con verdad, afecto con amor fingido. El doctor Ronald Summit lo define como "El Síndrome de acomodación" explicado en el artículado *Teoría de la adaptación en abusos sexuales*, en mayo de 2012, en el que las víctimas presentan cinco patrones conductuales de acomodación y el aprendizaje de impotencia o indefensión.

Las cinco etapas que nombra Summit en la Teoría de la Adaptación o Teoría de la Acomodación son:

1) El secreto, que las víctimas lo esconden por diferentes situaciones como miedo al castigo o temor a la ruptura del hogar.

2) La desprotección que experimentan lxs infantes al ser atacados por la persona que naturalmente debería protegerlos.

3) El atrapamiento y acomodación cuando la experiencia se vuelve crónica porque lxs infantes no pueden hacer nada para modificarla y entonces se acomodan para sobrevivir.

4) La revelación, que resulta tardía y poco convincente para lxs demás, las víctimas presenta serios trastornos de personalidad.

5) La retracción por el temor de desarmar la familia por eso se guarda y son pocas las personas ya adultas o adolescentes que vuelven a hablar de su experiencia de Abuso Sexual Infantil.

Otra de las creencias muy bien aprendida en la sociedad mexicana es pensar que lxs niñxs están fabulando o imaginando cuando relatan lo del abuso, es importante, creerles desde el primer momento, porque si se muestran incrédulos los padres, familiarxs, maestrxs, la o el menor jamás volverán a decirlo. En este mismo tenor se cree que lxs infantes no tienen conciencia de lo sucedido y no les produce daño, ya antes se mencionó cuáles son las consecuencias presentadas ante tal suceso.

También se piensa que niñas y niños provocan a lxs adultxs, son lxs que fraguan la situación o la buscan, este mito se une a la creencia machista de que "los hombres no son de hierro" y les resulta muy difícil controlar los impulsos relacionados con la sexualidad, no hay peor mentira que ésta, y lxs perpetradores del abuso justifican sus conductas responsabilizando a sus víctimas de su accionar. En algunos casos, las madres hacen alianza con el perpetrador y ven a sus hijas abusadas no como víctimas sino como competencia para ellas.

Estos son algunos de los mitos y prejuicios que se tienen sobre el tema y probablemente hay otros más; en este contexto social, cultural y familiar es donde se desenvuelve el Abuso Sexual Infantil que como lo plantea la periodista Lydia Cacho en su libro *Con mi hij@ no* "Los abusadores, pero también muchos jueces, policías, fiscales y ministerios públicos son hombres y mujeres tradicionalistas que han sido educados con los roles sexuales estereotipados, y los reproducen fervientemente," en donde la mujer es inferior a la supremacía del hombre y por ende lxs niñxs y adolescentxs son pequeñxs objetos cuya voluntad puede ser controlada o moldeada por el abusador.

En entrevista la sexóloga y psicoterapeuta Karla Barrios proporciona un cuadro de mitos y realidades de Abuso Sexual Infantil realizado por ella, a partir de la investigación en el tema y en consulta con sus pacientes.

CREENCIA ERRÓNEA	REALIDAD
Hace años no ocurrían estas cosas.	Actualmente hay mayor sensibilización y se cuenta con estadísticas, sin embargo, un alto porcentaje de personas que han vivido abuso sexual infantil nunca cuentan lo sucedido.
Los abusos sexuales son poco frecuentes.	Una de cada tres niñas y uno de cada siete niños vive abuso sexual.
El agresor es un extraño que realiza el delito sólo en las noches, en lugares oscuros y apartados, esperando a cualquier víctima.	En la mayoría de los casos el agresor es conocido de la víctima, pudiendo ser el padre, padrastro, hermano, hermanastro, familiar cercano, amigo de la familia, profesor, vecino, sacerdote. El abuso ocurre principalmente en lugares cerrados, siendo el lugar más común el hogar de las víctimas, la mayoría de los abusos ocurren con luz natural.

CREENCIA ERRÓNEA	REALIDAD
El agresor siempre es un adulto.	Entre los agresores también se encuentran adolescentes y niños.
El abuso sexual es generado por personas que abusan del alcohol y las sustancias ilícitas.	Todas las investigaciones realizadas por diferentes especialistas no han reportado una relación significativa, se ha descartado esta posibilidad. Se considera que es una estrategia del agresor para que sea exculpado por los actos cometidos.
El agresor es paciente psiquiátrico o enfermo.	Los estudios médicos, psiquiátricos y psicológicos arrojan como resultado que los atacantes son personas sin trastornos mentales graves o crónicos y coeficiente mental medio. Es un hecho de abuso de poder y confianza.
El agresor es feo, sucio y sin ocupación.	El mayor porcentaje de los agresores se dedican a una actividad ocupacional, no existen rasgos físicos específicos que los diferencien.
El agresor no tiene relaciones sexuales satisfactorias.	Las investigaciones reportan que el agresor generalmente tiene una vida sexual activa.
Sólo lo sufren las niñas.	El abuso sexual de niños es tan frecuente como el abuso físico o los golpes; sin embargo, los niños son más golpeados, mientras que las niñas son más abusadas sexualmente.

CREENCIA ERRÓNEA	REALIDAD
Es un hecho ocasional, por lo tanto, no es tan grave.	En algunos casos puede ser ocasional, pero también puede ser reiterado cuando la relación es habitual, cotidiana familiar.
Las/los niñas/ niños son seductoras/ es o responsables del abuso.	Es una excusa del abusador, las/los niñas/niños nunca son responsables de las/los adultas/ adultos. Las/los niñas/niños se aproximan a las/los adultas/ adultos en búsqueda de afecto y atención, nunca en términos sexuales.
Los menores no dicen la verdad cuando revelan un abuso sexual.	En general, las/los niñas/niños no mienten cuando explican una situación de abuso, no tendrían información si no la hubiesen vivido. Difícilmente las/los niñas/niños inventan actos que desconocen.
Todos los ofensores fueron víctimas de abusos sexuales en la infancia.	Es bajo el porcentaje de ofensores que sufrieron abuso en la infancia. Por otro lado, el índice de abuso sexual infantil en mujeres es alto y no existe correlación, ya que mayoritariamente agreden los hombres.
Las mujeres abusan sexualmente de los niños tan a menudo como los hombres.	Las estadísticas de mujeres agresoras es mínima en todos los reportes al respecto. Esta situación ha provocado dejar de investigar más sobre estas agresoras.

CREENCIA ERRÓNEA	REALIDAD
El agresor siente que el abuso no es nocivo para las/los niñas/niños.	Suponiendo que los agresores desconocen la magnitud del daño causado mediante el abuso sexual, sin embargo lo mantienen en secreto, por lo tanto, saben que es pernicioso.
Los abusadores tuvieron madres excesivamente seductoras.	El acto de abusar de un niño es una decisión personal y un ejercicio de voluntad por tanto la historia del abusador no puede ser determinante en su decisión de agredir.
La madre usualmente está desapercibida de la situación, cuando su pareja abusa sexualmente de sus hijos.	Las madres muchas veces callan o ignoran el hecho por miedo a perder a su hombre y por la dependencia económica.
En el abuso sexual generalmente se utiliza la fuerza física.	Generalmente el adulto utiliza su posición de confianza y autoridad para acercarse al menor, al que después puede chantajear, intimidar o amenazar, engañar, sobornar y mentir, por tanto en pocas ocasiones requiere del uso de violencia física para abusar.
Solamente cuando hay penetración hay abuso sexual.	El abuso sexual puede ser de diversos tipos, manoseos, caricias, tocar órganos sexuales, incluida la penetración con alguna parte del cuerpo o diversos objetos.

CREENCIA ERRÓNEA	REALIDAD
El acto sólo se presenta una vez en la vida del menor.	La duración del acto es muy variable, pero en muy pocos casos se presenta una sola vez.
Si un niño ha sido agredido sexualmente se convierte en un agresor, "síndrome del vampiro".	Las personas eligen si ejercen violencia, independientemente de haber sufrido agresión sexual.
El niño que es víctima de abuso sexual se convierte en homosexual.	La homosexualidad tiene que ver con la orientación erótico-afectiva, de la cual hasta ahora no existe una causa como tampoco de las otras orientaciones (heterosexual y bisexual).
La niña que sufre un abuso sexual se convierte en trabajadora sexual (prostituta).	En el ejercicio del trabajo sexual intervienen diversos factores, algunas trabajadoras sexuales han reportado que de niñas fueron abusadas. No existe una relación entre el Abuso Sexual Infantil y el trabajo sexual.
Los niños que han sufrido agresión sexual olvidan la experiencia y no les afecta.	Las experiencias vividas no se olvidan; a veces al no conceptualizarse no se reportan, en otros casos los mecanismos de defensa de las personas bloquean el recuerdo, pero este puede salir en cualquier momento. La mayoría de las sensaciones y las imágenes permanecen durante toda la vida sin que implique imposibilidad para superar la vivencia.

CREENCIA ERRÓNEA	REALIDAD
Los menores podrían evitarlo.	Nunca ya que las/los niñas/niños siempre hacen lo que pueden para sobrevivir. Y difícilmente pueden evitar algo que desconocen.
Si ocurriera en mi entorno lo sabría.	Es difícil reconocerlo, lo que se puede hacer es prevenir y fomentar el cuidado y la confianza.
Si la madre lo sabe, lo denuncia	Ocurre sólo si el agresor es un desconocido, pero si es un familiar, puede que lo oculte, lo justifique o intente no enterarse, ya que la situación es sumamente compleja.
Los efectos son siempre muy graves.	Depende de varios factores: personalidad de la/el niña/niño, apoyo social, etc.
Los abusos se dan casi siempre con violencia física o verbal	La mayoría de los casos van acompañados de manipulación, seducción y engaño. En otras violencia física y verbal.
El abuso sexual es más común en familias de bajos ingresos económicos y bajo nivel cultural.	Ocurren en todo tipo de familias, de cualquier clase social, económica o cultural. El fenómeno del abuso depende más de la valoración y percepción que se tiene con respecto a niñas y niños que del nivel económico o académico. Es decir el abuso sexual a menores no es privativo de una clase social en particular. Ocurre en cualquiera de ellas.

Sin duda, el Abuso Sexual Infantil es un problema mundial, no tiene fronteras, queda invisibilizado justo por los mitos y creencias erróneas que impiden visualizar la magnitud del mismo.

1.9 Violencia sexual: problemática mundial de gran magnitud

En 2002, la Organización Mundial de la Salud, oms, estimó que 150 millones de niñas y 73 millones de niños menores de 18 años, experimentaron relaciones sexuales forzadas o algún tipo de violencia sexual con contacto físico.

En un estudio multipaís, sobre la salud de la mujer y la violencia doméstica realizado por la oms, en el año 2005, tanto en países desarrollados como subdesarrollados, mostró que entre uno y el 21% de las mujeres manifestó haber sufrido abusos sexuales antes de los 15 años de edad, en la mayoría de los casos por hombres de la familia.

Sin embargo, la verdadera magnitud de la violencia sexual está oculta, debido a su naturaleza sensible e ilegal. La mayoría de lxs niñxs y las familias no denuncian los casos de abuso y explotación a causa del estigma, el miedo y la desconfianza en las autoridades. La falta de tolerancia social y de conciencia, también contribuyen para que no se denuncien muchos de los casos.

En muchos Estados, las leyes para hacer frente a la violencia contra lxs niñxs se centran sólo en la sexual o física y no toman en cuenta la psicológica.

Se enfocan en la protección y las penas, mientras que la recuperación, la reinserción y la reparación reciben mucha menos atención, algunos también consideran que la prevención debe abordarse simplemente mediante los aspectos de protección y penalización de las leyes.

Fue en 1945, después de la Segunda Guerra Mundial cuando se constituyó la Organización de las Naciones Unidas, ONU, con 51 países o Estados miembros, entre ellos México; una de las preocupaciones del organismo internacional ha sido la infancia, por lo que el 11 de diciembre de 1946 se creó el Fondo de las Naciones Unidas para la Infancia, UNICEF, que en la actualidad sigue siendo la principal organización de las Naciones Unidas en prestar ayuda internacional en favor de los derechos de la infancia.

Más tarde, en 1948 se presentó la Declaración Universal de los Derechos Humanos, la cual reconoció el valor ético y jurídico de los derechos económicos, sociales y culturales, desde una visión de igualdad e interdependencia con los derechos civiles y políticos, indispensables para la dignidad de la persona y el libre desarrollo de su personalidad.

En dicha Declaración Universal de los Derechos Humanos, sólo en dos artículos consideran a las y los infantes; el artículo veinticinco dice que la maternidad y la infancia tienen derecho a cuidados y asistencia especiales, igual protección social a niñxs que nacen en matrimonio o fuera de él; y el artículo veintiséis, señala que los padres decidirán el tipo de educación que habrá de darse a sus hijxs.

Por ello, el 20 de noviembre de 1959, la Asamblea de las Naciones Unidas proclamó la Declaración de los Derechos del Niño, la cual señala diez principios rectores de los derechos y libertades de la niñez, sin distinción alguna por cuestiones de raza, color, sexo, idioma, opinión política o de cualquier otra índole, origen nacional o social, posición económica, nacimiento o cualquier otra condición.

A partir de estos diez principios, en 1989, se trazaron los conceptos filosóficos de la Doctrina de Protección Integral y se conformó la Convención sobre los Derechos de la Niñez, mediante la cual se reconoce que la humanidad debe a las niñas y los niños lo mejor para darles. En ese año, sesenta y un países firmaron los acuerdos. México firmó al siguiente año, en enero de 1990.

La Convención sobre los Derechos del Niño establece 54 artículos y dos Protocolos Facultativos. Define derechos humanos básicos que deben disfrutar las niñas y los niños en todas partes: el derecho a la supervivencia, al desarrollo pleno; a la protección contra influencias peligrosas, los malos tratos y la explotación; y a la plena participación en la vida familiar, cultural y social. Los cuatro principios fundamentales de la Convención son la no discriminación; la dedicación al interés superior de la/el niñx; el derecho a la vida, la supervivencia y desarrollo; y el respeto por los puntos de vista del infante.

Los Estados parte de la Convención están obligados a estipular y llevar a cabo todas las medidas y políticas necesarias para proteger el interés superior de la niña y el niño.

Con este precepto, las madres, los padres, tutorxs o custodixs no tienen la propiedad de la niña o del niño, por tanto el Estado no puede anular el ejercicio de sus derechos fundamentales, éste está obligado a erradicar la discriminación cualquiera que sea el motivo, en función del Interés Superior de la Niñez.

En 1990 se organiza La Cumbre Mundial a Favor de la Infancia, sus objetivos fueron refrendados en la Sesión de las Naciones Unidas para la Infancia de mayo de 2002, lo que originó el documento *"Un mundo apropiado para la Infancia"*

La Declaración que antecede al Plan de Acción de la Cumbre refiere:

> Las niñas y niños del mundo son inocentes, vulnerables y dependientes. También son curiosxs, activxs y están llenxs de esperanza. Su infancia debe ser una época de alegría y paz, juegos, aprendizaje y crecimiento. Su futuro debería forjarse con espíritu de armonía y cooperación… sin embargo en la realidad, la infancia de muchas niñas y niños es muy diferente a la descrita, innumerables niños de todo el mundo se ven expuestos a peligros que dificultan su crecimiento y desarrollo. Padecen grandes sufrimientos como consecuencia de la guerra y la violencia….millones de niñas y niños son víctimas de los flagelos de la pobreza y las crisis económicas, el hambre y la falta de hogar, el analfabetismo y el deterioro del medio ambiente. Sufren los graves efectos de la falta de un crecimiento sostenido y sostenible…

De entre los aspectos importantes de la Cumbre se solicita el compromiso de los gobiernos y naciones para dedicar presupuestos a programas a favor de los derechos de la niñez. De igual manera es de especial atención las niñas y niños trabajadores o sometidos al yugo de la prostitución, el abuso sexual y otras formas de explotación.

1.10 LLAMADA DE ATENCIÓN PARA MÉXICO

En mayo de 2002, se realizó la naciente sesión especial de las Naciones Unidas a favor de la Infancia, donde participaron por primera ocasión 241 niñas y 163 niños, de 148 países, en la cual se definieron ocho temas claves: salud, educación, explotación sexual, niñez en conflictos armados, VIH/SIDA, pobreza, medio ambiente y participación.

En el documento aprobado durante dicha sesión se destaca la necesidad de tomar medidas urgentes para poner fin a la venta de niñas y niños y de sus órganos; impedir que se les haga objeto de explotación y abusos sexuales, incluida la utilización con fines pornográficos, de prostitución y pedofilia; así mismo, aplicar la ley contra los mercados existentes en esa esfera, para crear conciencia de la ilegalidad y las consecuencias nocivas de la explotación y el abuso sexuales, incluso por conducto de Internet y de la trata de niñas y niños; se señala la determinación para el combate en las causas profundas y los diversos factores que llevan a la explotación sexual y la trata de niñas y niños, incluida la transfronteriza.

A partir de los compromisos adoptados hace ya 15 años, sólo 105 países han tomado medidas para convertirlos en planes nacionales de acción y/o transformarlos en políticas ya existentes. Sin embargo, en América Latina y el Caribe, sólo 16 países de 33 han acatado los acuerdos.

En México, sólo la organización no gubernamental Red para los Derechos de la Infancia, ha organizado en todo el país reuniones y seminarios de formación sobre el contenido de la declaración.

Chile, Panamá y México en toda América Latina no han constituido un sistema de protección integral de los derechos de las niñas, niños y adolescentes. De acuerdo con datos del Instituto Nacional de Estadística y Geografía, INEGI, en 2013, había 40.4 millones de niñas, niños y adolescentes menores de 18 años, lo que representaba el 34.1% de la población total en México, y tan sólo del sexo femenino eran 19.8 millones, a las cuales se les ofrecía un trato distinto por su edad, porque estaban fuera de la edad adulta.

> A mí todos en mi familia me pegan y me dicen groserías, yo creo que es porque soy niña y no tienen con quién desquitarse [...] Sé que los derechos son los mismos para todos los niños del mundo pero hay países en los que se discrimina más a los niños por diferentes cosas y creo que México es uno de esos países.

Cita de niños y niñas trabajadores de la colonia Morelos en la ciudad de México, en *Infancias mexicanas: rostros de la desigualdad. Informe alternativo para el Comité de los Derechos del Niño de la Organización de Naciones Unidas 1999-2004.*

En mayo de 2000 se creó en México la Ley para la Protección de los Derechos de Niñas, Niños y Adolescentes; en la cual se toma en cuenta a todxs aquellxs menores de dieciocho años; se establece el deber de ascendientxs, tutorxs y custodixs de proteger los derechos de lxs infantxs, además señala que el Estado proveerá lo necesario para propiciar el respeto a la dignidad de la niñez y el ejercicio pleno de sus derechos.

El artículo tercero *La protección de los Derechos de Niñas, Niños y adolescentxs*, tiene como objetivo asegurarles un desarrollo pleno e integral, lo que implica la oportunidad de formarse física, mental, emocional, social y moralmente en condiciones de igualdad.

Entre los principios rectores se dice que las niñas, niños y adolescentes tienen derecho a una vida digna, el libre desarrollo de la personalidad, a no ser sometidxs a tratos crueles, inhumanos o degradantes, a tener una vida libre de todo tipo de violencia y a tener un proyecto de vida para el desarrollo de todas las potencialidades.

El artículo once inciso B abarca la responsabilidad de los ascendientxs, tutorxs o custodixs de proteger a lxs infantes y adolescentes contra toda forma de maltrato, prejuicio, daño, agresión, abuso, trata y explotación.

El capítulo quinto, artículo veintiuno aborda el derecho a ser protegido, en su integridad, en su libertad, contra el maltrato y el abuso sexual. En agosto de 2010 se reforma el artículo trece inciso c, en donde se señala que las escuelas e instituciones similares, dueñxs, directivxs, educadorxs, maestrxs, o personal administrativo serán responsablxs de evitar cualquier forma de maltrato, perjuicio, daño, agresión, abuso o explotación en contra de niñas, niños y adolescentes.

Anterior a la aprobación de la *Ley para la Protección de los Derechos de Niñas, Niños y Adolescentes*, México había recibido en febrero de 1994 y noviembre de 1999, recomendaciones del Comité de los Derechos de la Niñez derivado de la Convención, algunas de ellas eran tomar las medidas necesarias para armonizar plenamente la legislación federal y estatal con las disposiciones de la Convención, incorporar los principios relativos al interés superior de la/el niñx y la prohibición de la discriminación en relación a la infancia.

Nuevamente, en junio de 2006 el Comité de Derechos del Niño, órgano que supervisa la aplicación de la Convención de los Derechos del Niño, emitió recomendaciones respecto al tercer informe periódico de México, instó al Estado a hacer lo posible por tener en cuenta las recomendaciones anteriores, que sólo se han aplicado en parte o no se han aplicado en absoluto; entre ellas se encuentran:

Asegurar que todas las leyes estatales sean compatibles con las leyes federales, en particular la *Ley para la protección de los derechos de niñas, niños y adolescentes* de 2000. Prevenir y eliminar todo tipo de violencia institucional, en especial la tortura y los tratos crueles, inhumanos y degradantes. Así como asegurar que las niñas y niños víctimas de esas prácticas reciban servicios adecuados para su tratamiento, recuperación y reintegración social.

Otra de las peticiones es brindar servicios de reintegración a las niñas y niños víctimas de malos tratos, abuso sexual y uso indebido de sustancias; servicios para la reconciliación con las familias; enseñanza, en particular capacitación profesional y preparación para la vida.

De acuerdo con datos de la Encuesta Nacional sobre Discriminación en México 2010, ENADIS, 3.6% de la población considera que las niñas y los niños no tienen derechos por ser menores de edad, 27.6% opina que deben disfrutar de los derechos que sus padres les quieran otorgar y 65.5% señala que los niños deben gozar de todos los derechos que les da la ley.

En cuanto a la percepción del respeto de los derechos de lxs niñxs, cuatro de cada 10 personas en México cree que en nuestro país sí se respetan, 37.3% considera que solo parcialmente y dos de cada 10 consideran que no se respetan.

De la misma encuesta se desprenden datos sobre la percepción que se tiene de la violencia física hacia lxs niñxs; por un lado 24.8% de la población considera que se justifica el pegarle a una o un niñx para que obedezca, mientras que 74.9% declaran que no está justificado.

Con base en datos de la procuraduría de la Defensa del Menor y la Familia incorporada al Sistema Nacional de Desarrollo Integral de la Familia, DIF, durante el 2010 en 26 de los 32 instancias del DIF se atendieron 32 068 reportes por maltrato infantil y en 17 800 de ellos se comprobó el maltrato; en ese mismo año se atendieron 36 252 menores maltratadxs, de los cuales 50.2% eran niñas.

Según datos de la Encuesta Nacional sobre la Dinámica de las Relaciones en los Hogares, ENDIREH, 2011, de las niñas y niños menores de 15 años, 32.5% formaban parte de un hogar en el que al menos una mujer de 15 y más años casada o en unión libre había sido víctima de algún tipo de violencia por parte de su pareja y por ende, también lsx hijxs reciben la agresión.

Lo anterior sólo muestra la gravedad del problema de abuso sexual infantil, además las cifras varían debido a que no todas las madres y padres de las niñas y los niños abusados sexualmente denuncian sobre todo si se trata de algún familiar o conocido cercano.

1.11 Leyes en defensa de la niñez se pierden en papel

De las mujeres que entrevisté sobrevivientes de Abuso Sexual Infantil, no denunciaron en el momento de la agresión porque eran menores de edad, dependían de sus padres, no conocían sus derechos como infantes, en sus hogares no se hablaba de sexualidad por lo que se sentían avergonzadas con miedo y culpa. Son pocxs las niñas y los niños que denuncian el abuso sexual; depende mucho el contexto social en el que se desenvuelven, sobre todo si reciben apoyo o no de sus padres.

Laura, lo habló en su adolescencia, no le creyeron, volvió a callar y lo dijo años más tarde. Es imposible tener cifras exactas de las personas que han vivido algún tipo de violencia sexual durante su infancia y/o adolescencia, precisamente porque no lo dicen o cuando lo hablan no les creen, o es demasiado tarde para denunciar.

Además las niñas y los niños que deciden denunciar ante la ley, viven un largo período de audiencias, declaraciones, rectificar información, es necesario estar en terapia o contar con las herramientas para sobrevivir la experiencia de abuso sexual infantil, así lo señala en entrevista Tania Escalante, encargada del área de Difusión y Comunicación en la Asociación para el Desarrollo Integral de Personas Violadas, A.C, ADIVAC.

Cada país tiene su propio Código Penal para sancionar a quien comete abuso sexual infantil. A nivel internacional el Comité de Derechos del Niño es el encargado de hacer recomendaciones a aquellos países que van en aumento de este delito, éstos a partir de su propias leyes sancionarán a lxs agresores.

En el Código Penal Federal de México en el Título Decimoquinto *Delitos contra la libertad y el Normal Desarrollo Psicosexual*, capítulo 1 *Hostigamiento sexual, abuso sexual estupro y violación*, artículo 261 dice

> Al que sin el propósito de llegar a la cópula ejecute un acto sexual en una persona menor de doce años de edad o que no tenga la capacidad de comprender el significado del hecho, o que por cualquier causa no pueda resistirlo o la obligue a ejecutarlo, se le aplicará una pena de dos a cinco años de prisión. Si se hiciese uso de la violencia física o moral, el mínimo y máximo de la pena se aumentarán hasta en una mitad.
>
> **Artículo 262**.- Al que tenga cópula con persona mayor de doce años y menor de dieciocho, obteniendo su consentimiento por medio de engaño, se le aplicará de tres meses a cuatro años de prisión.

En este último caso se procede contra el agresor a petición de la víctima o su representante. En el artículo 265 se sanciona con ocho a 14 años, a quien realice cópula con persona de cualquier sexo y edad, refiriéndose a la violación cuando se introduce el miembro viril o cualquier otro instrumento por vía anal, vaginal y oral en la víctima.

En el artículo 266, equipara la violación con quien realice cópula con personas menores de 12 años de edad, se le asigna la misma pena de ocho a 14 años, pero si se ejerce violencia física o moral el mínimo y el máximo se aumentará hasta en una mitad, ocho más cuatro, 12 años como mínima y 14 más siete, 21 años como máxima.

Artículo 266 Bis.- Las penas previstas para el abuso sexual y la violación se aumentará hasta en una mitad en su mínimo y máximo, cuando: I.- El delito fuere cometido con intervención directa o inmediata de dos o más personas; II.- El delito fuere cometido por un ascendiente contra su descendiente, éste contra aquél, el hermano contra su colateral, el tutor contra su pupilo, o por el padrastro o amasio de la madre del ofendido en contra del hijastro. Además de la pena de prisión, el culpable perderá la patria potestad o la tutela, en los casos en que la ejerciere sobre la víctima; IV.- El delito fuere cometido por la persona que tiene al ofendido bajo su custodia, guarda o educación o aproveche la confianza en él depositada.

CAPITULO III Incesto Artículo 272.- Se impondrá la pena de uno a seis años de prisión a los ascendientes que tengan relaciones sexuales con sus descendientes. La pena aplicable a estos últimos será de seis meses a tres años de prisión. Se aplicará esta misma sanción en caso de incesto entre hermanos.

Las penas varían de acuerdo a quién y qué acción ejecutó de tipo sexual, el artículo 272 condena el incesto y sanciona a lxs descendientes con seis meses a tres años de prisión, éste punto podría ser confuso, pues a veces aunque parezca un acuerdo de ambas partes resulta que se ejerció violencia psicológica por parte del ascendiente, entendiendo a éste como alguien mayor, padre, hermanx mayor, padrastro, madrastra o tutorx.

Aunque se llegue a violación con algún menor 12 años y menor de 18 sólo se sanciona con tres meses a cuatro años de cárcel, podría decirse que la edad más propensa para que se ejecute cualquier tipo de violencia sexual sería de 12 a 18 años de edad, porque lxs infantes están más desprotegidos y las sanciones son menores y es una edad donde lxs menores son más usadxs para la pornografía y prostitución infantil.

Para el abogado argentino, Carlos Alberto Rozanski, experto en Abuso Sexual Infantil, citado en la obra *Con mi hij@ no* dice:

> La labor de la justicia está dirigida en la mayor parte de su actividad al esclarecimiento de los hechos y la sanción de los responsables. Por esa razón en la mayoría de los casos se pierde de vista la obligación de protección del niño (objetivo primario), privilegiando la represión del delito (objetivo secundario). Así, se direcciona las actuaciones hacia una maraña burocrática donde el bienestar de la criatura pasa a segundo plano, siendo revictimizada una y otra vez en cada etapa del proceso.

También señala que en México nos enfrentamos a serios problemas: leyes federales y estatales que se contraponen, juecxs y fiscalxs que no comprenden que hacer declarar a lxs pequeñxs más de diez veces es fatigoso, les generan angustia y miedo, entre otros síntomas, además de la revictimización.

La revictimización se refiere, a que la víctima de alguna manera se ve afectada en su integridad física, psicólogica o emocional, ya sea a partir del engaño, la amenaza, la manipulación y/o el chantaje, varias veces. Se dan casos en donde las autoridades valiéndose de su poder y sin pensar en la salud integral de la víctima la someten a excesivas declaraciones.

En el caso de la Ciudad de México, en el Libro Segundo Parte Especial Título Quinto, llamado *Delitos contra la Libertad y la Seguridad sexuales y el normal desarrollo psicosexual*, del Código Penal local, reformado el 23 de julio de 2011, dice:

> **Artículo 174.** Al que por medio de la violencia física o moral realice cópula con persona de cualquier sexo, se le impondrá prisión de seis a diecisiete años. Se entiende por cópula, la introducción del pene en el cuerpo humano por vía vaginal, anal o bucal. Se sancionará con la misma pena antes señalada, al que introduzca por vía vaginal o anal cualquier elemento, instrumento o cualquier parte del cuerpo humano, distinto al pene, por medio de la violencia física o moral.
>
> **El capítulo II Abuso sexual Artículo 176.** Al que sin consentimiento de una persona y sin el propósito de llegar a la cópula, ejecute en ella un acto sexual, la obligue a observarlo o la haga ejecutarlo, se le impondrá de uno a seis años de prisión. Si se hiciere uso de violencia física o moral, la pena prevista se aumentará en una mitad.

En el capítulo VI titulado *Violación, Abuso Sexual y Acoso Sexual*, cometido a menores de 12 años de edad, reformado el 18 de marzo de 2011, el artículo 181 Bis dice que a quien realice cópula con persona de cualquier sexo menor de 12 años se le impondrá de ocho a veinte años. Además señala que se sancionará con la misma pena antes señalada, a quien introduzca cualquier objeto, instrumento o cualquier parte del cuerpo, distinto al pene con fines sexuales por vía vaginal, anal u oral a menores de 12 años de edad.

Cuando se ejecute un acto sexual sin llegar a la cópula en menores de 12 años o de quien no tenga la capacidad de comprender el hecho, se le impondrán de dos a siete años de prisión.

Al que acose sexualmente a la víctima menor de doce años con la amenaza de causarle un mal relacionado respecto de la actividad que los vincule, se le impondrán de dos a siete años de prisión. Si se ejerciere violencia física o moral, las penas previstas se aumentarán en una mitad. Las penas anteriores se aumentarán hasta una tercera parte si se cometieran en contra de dos o más personas.

La diferencia del Código Penal Federal al de la ciudad de México, es que la condena máxima para violación es de 14 años mientras que en la local de veinte cuando se trata de menores de 12 años, en el DF digamos se sanciona con seis años más.

Sin embargo, para sancionar el abuso sexual infantil es decir sin penetración por parte del agresor, la pena en lo federal es de dos a cinco años cómo máxima, en el DF va de dos a siete años, dos años más en la capital.

La ventaja podría ser que los delitos son acumulables es decir; si el agresor aparte de cometer abuso sexual infantil también ejecutó violación contra la víctima y se le asignan las penas máximas para ello serían en el DF siete años más 20, hablaríamos de que la o el agresor estaría 27 años en prisión, si se le suman más delitos como violencia intrafamiliar o pornografía infantil, entre otros, la pena aumentaría.

En entrevista la abogada María Karina Segovia Castañeda, litigante y maestra en Justicia Penal y Seguridad Pública por la Universidad Humanitas, explica:

> La pena más grave va a depender siempre de las circunstancias específicas en la comisión del delito, cada caso tendrá que particularizarse, toda vez que dependiendo, el Ministerio Público como representante de la víctima podrá solicitar las penas máximas, y cabrá siempre la posibilidad de que el abogado particular o de oficio coadyuve para solicitar las agravantes y la suma de delitos.

Segovia Castañeda narra un caso hipotético sobre abuso sexual infantil, el cual es ejecutado por dos tíos de una menor de 12 años quienes introducen un instrumento contra su sobrina por vía vaginal, la amenazan con causar daño a sus padres si dice algo. Los adultos ofertan a la pequeña en una página web, alguien de otro Estado viaja al Distrito Federal para tener contacto sexual con la infante, además la video graban y venden los videos; otra persona de Tlaxcala se interesa en comprar a la menor para explotarla sexualmente, y la venden.

En este ejemplo, la abogada realizó el cómputo de la condena aplicando la media, que por lo general se aplica, aunque no es regla hacerlo, de todos los delitos que se ejercen en el caso anterior, dan una suma de 79 años de prisión, aunque aclara que como es un caso hipotético es casi imposible de ocurrir porque en la mayoría de los casos, los agresores quedan impunes.

Sobre la denuncia la abogada egresada de la Universidad Humanitas explica que se tiene que realizar en la Fiscalía Central de Delitos Sexuales, añade:

> No hay un tiempo a resolver per se, lo recomendable y preferente siempre será que una averiguación previa quede debidamente integrada a efecto de que una vez consignada, el Juzgado en que recaiga la causa penal, pueda tener todos los elementos a su alcance para condenar a los perpetradores. Un juicio puede llevar bastante tiempo y siempre será una irresponsabilidad manifestar a la víctima un tiempo determinado, acaso puedan manejarse tiempos aproximados, tomando siempre en cuenta la posibilidad de la interposición de recursos como la queja, el amparo, la revisión; de tal suerte, personalmente jamás señalaría un tiempo.

Por tanto, resulta absurdo aplicar una sanción de dos a siete años de prisión, cuando el mismo proceso puede tardar mucho más.

Las leyes están hechas para lxs ricxs porque la mayoría de la gente presa es inocente y pobre, quien no tiene dinero se queda en la cárcel, quien sí, sale con influencias, comentó en entrevista el psicoterapeuta sexual Claudio Tzompantzi Miguel, quien colaboró cerca de un año en el Instituto de las Mujeres del Distrito Federal, y otro en el albergue de la Procuraduría General de Justicia del DF.

Explica que durante su labor en dichas instancias observó que lxs servidores públicxs encargadxs no están capacitadxs para atender a lxs infantes sin revictimizarlos. Señaló que al estar en el albergue reportó muchos casos de abuso sexual de niñas y niños, quienes empezaban la denuncia y al cabo de unos meses se retiraban del proceso.

Tzompantzi Miguel, maestro en Estudios de la Mujer por la Universidad Autónoma Metropolitana, UAM, campus Xochimilco, manifestó que al momento de retirar la denuncia, lxs agresores salen en libertad, y no se les brinda atención para la reinserción.

Sobre ¿Debo denunciar el abuso?, la periodista Lydia Cacho en su libro *Con mi hij@ no* explica que la cultura judicial en México, y en la mayoría de los países, pone en duda la palabra de la víctima, y más cuando son menores de edad.

De esta manera, las agencias del ministerio público, médicxs legistas y juecxs pondrán en duda la palabra de la víctima. Someterán a las niñas y niños a estudios ginecológicos que les podrán causar más traumas. El proceso durará de dieciocho meses a cuatro años, donde el abusador podrá interponer una serie de recursos. En algunos casos pondrán cara a cara a la víctima con el agresor.

Como menores de edad, lxs infantes, están al cuidado de lxs adultxs, si éstos no están bien informadxs, lxs pequeñxs experimentarán impotencia. Lydia Cacho recomienda que las víctimas estén en terapia durante el proceso legal, además de contar con una o un buen(a) abogadx que explique todo el procedimiento, así como conocer las ventajas y desventajas, si se denuncia.

En entrevista, la psicoterapeuta corporal Senovia Bailón, considera que otro tipo de denuncia es la social; es decir que la víctima de abuso sexual haga pública su experiencia, no con morbo, sino para que el problema se visibilice ante la sociedad.

La presidenta de la Comisión de Derechos de la Niñez en la Cámara de Diputados, Verónica Juárez Piña, señaló que:

> "Al abuso sexual infantil se añade la del delito de encubrimiento institucional por parte de las autoridades de la iglesia católica, o de cualquier otro culto, y de los ministerios públicos, ya que en lugar de haber informado a las autoridades correspondientes, se les ha encubierto, protegido, amparado e inclusive hasta defendido a ultranza, sin importar el dolor y el daño que se ocasionan a las víctimas".

El 20 de agosto de 2014, la legisladora perredista, propuso reformar el Código Penal Federal para evitar la prescripción de la acción penal contra el abuso sexual infantil y castigar tanto a los responsables como a sus encubridores incluso si se trata de servidores públicos.

La reforma al Código Penal Federal que promueve Juárez Piña prevé adicionar el artículo 209 Quáter para establecer la imprescriptibilidad de este delito y adicionar un último párrafo al artículo 400 para sancionar a quien encubra al delincuente.

II

LA VOZ ANTES CALLADA

> Una niña que fue abusada sexualmente y calló
> por muchos años deja de ser víctima hasta que
> rompe el silencio, ellas ya no son víctimas, ¿tú sí?
>
> Frase del documental *Desde niña para siempre*
> de CLAUDIA HERNÁNDEZ LÓPEZ

En el caso de las y los sobrevivientes de abuso sexual infantil aún no existe un marco legal para sancionar el delito, ya que pasado cierto tiempo éste prescribe. Si se logra el exhorto de la diputada Verónica Juárez Piña de modificar el Código Penal Federal para que el delito no prescriba se estaría dando un paso en la justicia legal para estas personas.

En entrevista, Daniel Manzur, abogado y maestro en Ciencias Penales y Criminalística, encargado del Módulo de Gestión Social del Instituto Nacional de las Mujeres, INMUJERES, opina que se tendrían que replantear las leyes en México para que lxs sobrevivientes tengan respaldo en lo legal; aunque, añade, existe la "justicia restructurativa, que consiste en preguntarle a la víctima cómo se podría reparar el daño, a veces es con dinero o apoyarlas con atención psicológica, entre otras".

Por lo pronto, en el capítulo VI del Código Penal Federal, sobre prescripción. Artículo 104, dice: "La acción penal prescribe en un año, si el delito sólo mereciere multa; si el delito mereciere, además de esta sanción, pena privativa de libertad o alternativa, se atenderá a la prescripción…"

En el siguiente artículo 105 se indica que el delito prescribirá en un plazo igual al término aritmético de la pena privativa de la libertad que señale la ley por el delito de que se trate, pero en ningún caso será menor a tres años.

Es decir, la pena máxima de abuso sexual para niñas y niños menores de 12 años es de cinco años, si se utilizó violencia al ejecutar el hecho aumenta a la mitad, sería de siete años y medio. El delito entonces prescribirá pasado este tiempo, después no se podrá hacer nada.

Sin embargo, en entrevista la abogada Karina Segovia Castañeda explica que también la decisión depende mucho del juez a quien se le remite la denuncia, porque hay quienes toman la media de la condena, es decir, la mitad de siete años y medio serían casi cuatro, entonces el delito prescribirá pasado ese tiempo. Aunque narra que, de acuerdo con su experiencia, no hay muchos casos de niñas y niños que denuncien pasado algún tiempo, porque no hay respaldo legal para continuar con la denuncia.

El artículo 107 del mismo Código dice: "la acción penal que nazca de un delito que sólo puede perseguirse por querella del ofendido o algún otro acto equivalente, prescribirá en un año, contado desde el día en que quienes puedan formular la querella o el acto equivalente, tengan conocimiento del delito y del delincuente" y a tres años cuando no se formule denuncia por parte de lxs implicadxs.

Entonces, si la niña o el niño, bajo responsabilidad de sus padres, deciden por cualquier motivo no denunciar, en un año el delito prescribe, o si lxs infantes no identifican al agresor tendrán un plazo de tres años para iniciar un juicio.

Las leyes son contradictorias, basándonos en el artículo 104, se tendría un plazo de siete años y medio, pero si se conoce el hecho y no se denuncia en un año, o en tres si no se conoce al agresor, el delito prescribe y no se puede hacer nada.

Esto sucede a nivel nacional, con excepción de conocer el Código Penal de cada Estado. En la Ciudad de México, la prescripción del delito, señalado en el capítulo x, artículo 105 dice: "La prescripción es personal y extingue la pretensión punitiva y la potestad de ejecutar las penas y las medidas de seguridad, y para ello bastará el transcurso del tiempo señalado por la ley".

Si quien comete el delito se encuentra fuera de la Ciudad de México, el plazo para la prescripción se duplicará. También, al igual que el Código Penal Federal, en el artículo 110 dice que el delito prescribe en un año cuando sólo se pueda perseguir por querella del ofendido o algún otro equivalente, y a tres años cuando no se conozca al agresor, ni se tenga conocimiento del delito.

El artículo 116 comenta: "Salvo disposición legal en contrario, la potestad para ejecutar la pena privativa de libertad o medida de seguridad, prescribirá en un tiempo igual al fijado en la condena, pero no podrá ser inferior a tres años".

Por tanto, no hay nada claro para las y los sobrevivientes, porque las leyes no son claras, siempre dependerá de un juez que, como ya se mencionó, puede estar sumergido en la cultura patriarcal y no le vería sentido a denunciar un abuso cometido hace diez años, por ejemplo.

2.1 SIN RESPALDO LEGAL SOBREVIVIENTES DE ABUSO SEXUAL INFANTIL

Es así que las y los sobrevivientes de abuso sexual infantil, no pueden denunciar, porque no existe delito que perseguir según las leyes. Cuando eran niñas y niños estaban al cuidado de sus padres, eran a quienes creían y obedecían, por desconocimiento, miedo, vergüenza y culpa dejaron pasar el delito. De adultas y adultos comprenden la experiencia vivida pero ya no existe ninguna ley que les dé respaldo.

Por ejemplo, el sacerdote Marcial Maciel, fundador de la congregación religiosa *Los legionarios de Cristo*, en 1941, cometió decenas de abusos sexuales contra lxs estudiantes seminaristas;

inventó que tenía una enfermedad que ocasionaba sus deseos sexuales, manipuló a sus víctimas durante un largo periodo, en su momento fue cuestionado varias veces y la Iglesia, junto con los obispos a cargo y hasta el mismo papa Juan Pablo II, taparon los crímenes.

Pasaron muchos años, más de 20, para que lxs sobrevivientes de Abuso Sexual Infantil por fin denunciaran al agresor pero de manera social debido a la falta de marco legal en este rubro. Ellxs enviaron una carta al Papa narrando su indignación de que la Iglesia felicitara al abusador de niñxs Marcial Maciel.

> Nosotros, aun fuera ya de la institución, no habíamos podido superar psicológicamente una dolorosa prudencia y discreción autoimpuesta durante largos años. (Refiriéndose al papa) Pero Santo Padre, fue precisamente la carta de apoyo y felicitación de vuestra santidad dirigida al padre Marcial Maciel Degollado, publicada el 5 de diciembre de 1994 en los siete diarios más influyentes de la ciudad de México avalada por nuestra propia firma...nos indignó que un Vicario más de Cristo a lo largo de varias décadas pudiera seguir estando a tan grave extremo engañado, expresan en una carta los sobrevivientes.

> Una identidad superviviente...Los ex legionarios agraviados se autoafirman y marcan el límite de lo que debería ser, al menos teóricamente, inaceptable en la Iglesia Católica.

Estás declaraciones pueden leerse en la obra *El círculo del poder y la espiral del silencio. La historia oculta del Padre Marcial Maciel y Los Legionarios de*

Cristo, de Salvador Guerrero Chiprés, Fernando M, González y otros autores, donde tratan de explicar por qué lxs sobrevivientes callaron tantos años, lo grave de la situación y cómo no hay ninguna ley que los respalde.

Además, narran que en diversas partes del mundo hombres maduros y aun ancianos están presentando denuncias por abusos sexuales en su infancia perpetrados por sacerdotes, con suficientes elementos para proceder judicial y civilmente pero, desgraciadamente, no hay un marco legal para tal situación.

En entrevista Claudio Tzompantzi Miguel, también maestro en Sexualidad Humana opina: "sería importante que el marco legal retomara este delito y se legislara para hacer justicia a las y los sobrevivientes de Abuso Sexual Infantil".

Explica que el término de sobrevivencia ni siquiera aparece en el marco legal, es un término que en su mayoría utilizan las y los terapeutas para aquellas personas que vivieron algún tipo de violencia sexual y crecieron sin hablar de su experiencia y, por lo tanto, no buscaron ayuda para resolver esa problemática, viven sin atenderla, pero en la mayoría de los casos ocasiona daño en sus relaciones actuales.

Tzompantzi Miguel considera que en México no se está haciendo nada en favor de lxs sobrevivientes. Si alguien vivió una experiencia de Abuso Sexual Infantil, y no lo dijo en el momento por miedo, ahora de adultx su forma de sobrevivir es esconderlo de nuevo, sigue sin hablar de su experiencia. Platica que conoció casos en donde a las niñas y adolescentes violadas se les obliga casarse con su agresor, "todo ello se da a partir de la cultura patriarcal aunado al tabú de la sexualidad y la familia".

De acuerdo con el Diccionario de la Real Academia Española, sobreviviente se define como "persona que vive después de un determinado suceso. Vivir con escasos medios o en condiciones adversas". El mismo significado es para superviviente, ambos términos se utilizarán para las mujeres valientes y todas y todos aquellas/aquellos que vivieron alguna experiencia traumática en relación con abusos sexuales, pero que hoy siguen vivas y enfrentaron la situación a partir de sus propios recursos.

El psicoterapeuta sexual, Tzompantzi Miguel considera que las mujeres y hombres sobrevivientes de Abuso Sexual Infantil que deciden hablar sobre su experiencia, no quieren seguir calladxs, tratan de vencer su miedo de la infancia, sirve para su empoderamiento y como denuncia social, considera que mientras más se hable del problema se podrá quitar el tabú de violencia sexual y familia.

De la misma forma, en entrevista la abogada Karina Segovia, cree necesario legislar al respecto en el caso de las y los sobrevivientes de Abuso Sexual Infantil, "debiese ser imprescriptible el delito, toda vez que la comprensión del mismo puede ocurrir en una edad avanzada. En casos de Abuso Sexual

Infantil las únicas pruebas que se pueden valorar son las periciales (particulares de preferencia), y las testimoniales que se pudiesen recabar".

Por el contrario, en entrevista la abogada y catedrática de la Fes Iztacala, UNAM, Alba Luz Robles opina que lxs sobrevivientes deben trabajar en la cuestión psicológica y no en la legal, también señala que no es lo mismo justicia que legalidad pues la primera es más social, el término no se encuentra en el aspecto legal, si no hay algo que esté escrito no hay delito que perseguir. Comenta de manera crítica la abogada Robles

> La ley le dice a los sobrevivientes tú ya eres mayor de edad, tuviste un tiempo para denunciar y quien tenía que protegerte y denunciar no lo hizo; yo, Estado, no puedo hacer nada, porque en su momento te brinde ayuda, ahora tienes otros derechos, puedes hacer justicia si crees que le ocurre a otros menores, a ellos si los puedo ayudar, tú ya eres resiliente y tuviste la capacidad de vivir. Te digo esto porque sé de leyes y no entiendo cómo esperas que el Estado se haga cargo de algo que te paso de niña, si quienes tuvieron que cuidarte fueron tus padres y no lo hicieron.

"Resiliente" es aquella persona que después de vivir un Abuso Sexual Infantil o violencia sexual en el pasado encuentra herramientas que le ayudan a sobrevivir y seguir con su vida sin dejar que el hecho le afecte.

Sin embargo, aunque es verdad lo que dice la abogada sobre quien tendría que cuidar a lxs infantes son los padres, muchas veces son ellxs mismxs quienes abusan; ahí la niña y el niño quedan desprotegidxs, además de no tener clara la experiencia sufrida, al ser personas dependientes no pueden denunciar, en estos casos ya de adultxs, mayores de edad y al hacer consciente su vivencia deberían tener un respaldo legal.

En este sentido, en entrevista, el también abogado Daniel Manzur Rodríguez, encargado del Módulo de Gestión Social del Instituto Nacional de Mujeres, INMUJERES, opina que si sería necesario crear un institución especializada únicamente para las personas sobrevivientes de Abuso Sexual Infantil, o en su caso que las Asesorías Víctimas del Delito que ya existen lxs tomen en cuenta, porque es un tema que aún no ha logrado instalarse en la sociedad como un problema grave aunque si lo es. "Si se necesita y es fundamental, alguien que es sobreviviente de violencia sexual es importante que reciba la ayuda para poder empoderarse, entienda que es una parte significativa de su vida la experiencia sufrida pero no lo es todo, ni tendría que determinar su presente."

Además, agrega que lo mismo ocurría con la violencia familiar, en la sociedad no se hablaba, y ahora se sabe que más de la mitad de la población en su mayoría mujeres ha sufrido algún hecho violento en su hogar, y por ello la creación del Instituto Nacional de las Mujeres, el cual atiende a cualquier persona que llegue a solicitar apoyo y la canaliza al área correspondiente.

Manzur Rodríguez señala que, desgraciadamente, para un proceso legal se piden pruebas, cuando es una violación reciente el cuerpo las presenta, por ello es más difícil legislar para lxs sobrevivientes porque no las hay, sólo es su palabra quizás se podrían hacer algunas pruebas en psicología o psiquiatría para observar qué tanto daño le causo la experiencia, considera que sólo de esta manera se podría legislar pero cree que la denuncia pública es otra vía de hacer justicia "que las personas hablen y denuncien al agresor para que se le tenga en el estatus social como alguien responsable de la violencia, considero que son muy valientes quienes deciden hablarlo".

2.2 Amiga, también fui abusada sexualmente en mi infancia

Como parte de hacer visible las experiencias de violencia sexual y destapar lo que se esconde en las familias sin importar la clase social y quitar los tabús, seis mujeres valientes nos cuentan sus historias, buscan que con sus testimonios, las mujeres y hombres que vivieron abuso sexual en su infancia decidan alzar la voz. Ellas concuerdan en la necesidad de hablar acerca de su experiencia, no necesariamente en la familia, o con alguien cercano, sino buscar apoyo terapéutico o cualquier otro, lo importante es no quedar silenciadas y recuerdan que nunca es tarde para hablar.

Laura, Mago, Janet, Brenda y ALC buscaron apoyo en un grupo terapéutico y encontraron la fuerza para narrar su experiencia y Ana, quien a partir de su propia vivencia de abuso sexual en la infancia, se convirtió en psicoterapeuta corporal, y creó el Grupo Terapéutico de Mujeres Iztacalco, son las sobrevivientes que narran su propia vivencia. Sus testimonios aparecen intercalados en varios momentos del reportaje.

Janet de 27 años tiene el cabello largo, su mirada refleja soledad y ternura, sobreviviente de abuso sexual en la infancia desea dar su testimonio para no callar más.

> Aun no comprendo porque la gente que dice que me quiere, o me dio la vida, me pudo lastimar de esta manera, a tal magnitud de romper mi inocencia, el amor a la vida y a mí misma, la tristeza constante se convierte en depresión y luego la muerte.
>
> He pensado más de cien veces quizás en el suicidio, me resisto a ello pero irónicamente me siento muerta en vida, por ello comparto mi historia para que no quede silenciada y otras/os se animen a hablar.

Con voz entrecortada y el llanto contenido, Janet narra que desde pequeña sintió la sensación de qué algo le ocurrió, sin recordar nada, fue como si su infancia se borrara de su mente.

El viento frío recorre la habitación tras los recuerdos de Janet que durante su adolescencia buscó estar fuera de casa, encontró trabajo, y así se mantuvo hasta la universidad, y las horas de desvelo se convirtieron en años de sobrevivencia.

Lxs sobrevivientes de Abuso Sexual Infantil suelen olvidar sus experiencias, Ellen Bass y Laura Davis, en su obra *El Coraje de Sanar. Guía para las mujeres supervivientes de abusos sexuales en la infancia* explican que:

> Para protegerse, los niños suelen reaccionar ante el abuso olvidando que ocurrió. Por eso es posible que uno no tenga ningún recuerdo consciente de haber sufrido un abuso. Es posible haber olvidado grandes periodos de la infancia. Sin embargo, hay cosas que sí se recuerdan. Cuando te tocan de cierta manera sientes repugnancia. Ciertas palabras o ciertos gestos faciales te asustan.

Bass y Devis, explican que no hay maneras correctas ni equivocadas de recordar, cuando llegan los recuerdos se tienen imágenes nuevas cada día durante semanas, o días y ninguna por meses. Algunas supervivientes recuerdan a un agresor y un tipo concreto de abuso y años después descubren un nuevo abusador. Janet narra

> En la adolescencia recordaba constantemente un sueño, lloraba porque mi papá me había violado, no tenía más imágenes en mi cabeza pero sentía que algo me había pasado, sin saber qué. Poco a poco vinieron los recuerdos, primero muy dispersos, luego más claros, estaba asustada, no lo podía creer. Busqué ayuda y no fue la adecuada, una psicóloga llegó a decirme que no era real, que sólo era porque extrañaba mucho a papá, así me he encontrado varias. Al final se trata de creerse a una misma y no morir.

En ocasiones las y los sobrevivientes por desear que no hubiese ocurrido, lo ocultan, porque escuchan comentarios de sus familiares que dicen que están locas, entonces tratan de no hablar de los nuevos recuerdos o si aún no recuerdan pero sienten que algo les pasó, prefieren no compartirlo, describen las autoras de la obra *El coraje de sanar*.

Las manecillas del reloj se mezclan con los agitados latidos del corazón de Janet, su pecho exhala respiraciones estrepitosas al narrar la breve historia de su amiga fallecida, quien vivió abuso sexual infantil perpetrado por su tío. Quería buscar ayuda pues los recuerdos aunque confusos no la dejaban tranquila, no entendía muchas cosas. Cuando lo contó a su madre y hermanas, la niña se expresó:

-Por qué no me cuidaron, abusaron de mí cuando era niña, dijo en tono agresivo.

-¿Qué quieres que hagamos?, comentó su madre.

-Ya olvídalo, vive tu presente, dijo su hermana.

-Nunca es tarde para hablar -reflexionó, sin embargo no encontró una manera distinta de expresar, pues la niña enojada estaba ahí esperando gritar el por qué no la protegieron.

-Te hemos dado todo lo que necesitas, por qué sigues atormentándote con el pasado, cuestionó su otra hermana.

Esa charla fue corta, y la voz se expresó como el silencioso ruido de las aves; ya en su adolescencia había tratado de hablar. La culpa inundó el sentir de la amiga de Janet, al reclamar cuando ahora le ayudaban con su bebé, creyó que tenían razón y era cosa del pasado. Se sintió culpable de criminalizar a su familia el no haberla cuidado; sin embargo cuando lo compartió con Janet le dijo que si necesitaba hablar, estaba triste, y temía que a su hijo le pasara lo mismo.

Janet, quien ya estaba en terapia, le hizo ver que podía querer y estar enojada al mismo tiempo con su madre, pues su niña interior no entendía que su mamá trabajaba por eso no la cuidó, sólo se sentía enojada porque la desprotegió y no estuvo cuando ella la necesitaba, y esto era lo que podía trabajar en un proceso terapéutico. Reflexiona la estudiante

> La gente dice que ya pasó que no dejes que los recuerdos arruinen tu vida, tu presente, olvídalo, esa es la palabra que utilizan los que quieren ayudar, lo que ellos no saben es que vivir una experiencia traumática como un Abuso Sexual Infantil deja una herida muy profunda dentro de nuestro ser, que podemos evadirla con otras cosas haciendo de cuenta que ya pasó, que no duele; sin embargo sigue ahí y en muchas ocasiones el no trabajarlo es lo que arruina nuestra vida, y determina las acciones y decisiones que tomamos.

Janet, considera que las niñas y niños que crecen en un ambiente de violencia y abuso constante, en la edad adulta llevan impregnada la idea del maltrato y buscan relaciones en conflicto, haciéndose víctimas de nuevo, o victimarixs.

Alice Miller, escritora de varios libros relacionados con la violencia y maltrato infantil, en su libro *Salvar tu vida. La superación del maltrato en la infancia*, reflexiona que las heridas de la infancia repercuten en la vida adulta, pone de ejemplo a dictadores como Adolfo Hitler, Stalin, y Mao.

En cada uno de esos dictadores...se esconde, sin excepción, un niño gravemente humillado, que sólo logró sobrevivir gracias a la negación absoluta de sus sentimientos de impotencia...Por ello no les resulta difícil destrozar la vida de otras personas, e incluso su propia vida, vacía. Numerosos estudios de neurocientíficos han revelado las lesiones en el cerebro de los niños que han sufrido maltrato o abandono.

Y continua Miller,

Nuestro cerebro contiene toda la memoria corporal, emocional e incluso la mental de todo cuanto nos ha sucedido. Si el niño carece de "testigos cómplices", si en el futuro alcanza una situación de poder, el capo, el dictador, el criminal...infligirá en muchas personas, quizás en pueblos enteros, el mismo terror que él experimento de niño. Y si no tiene poder, ayudará a los poderosos a ejercer este terror.

Cuando Miller dice "testigos cómplices" se refiere a aquellas personas que comprenden el sufrimiento de lxs infantes, lxs acompañan, escuchan, creen y alientan, puede llegar a ser algún familiar, o alguien del exterior, terapeutas, médicos, vecinas, etcétera.

La infancia y vida posterior de Adolfo Hitler están rigurosamente documentadas; por ello, Miller lo pone de ejemplo, de pequeño su padre a diario le propinaba castigos; no podía expresarse, ni mostrar sus sentimientos, no sabía qué hacer para tener derecho a la existencia dentro de la familia, pues el menor motivo era suficiente para recibir un castigo.

Además, la autora de *Salvar tu vida*, reflexiona en que en los medios de comunicación no se habla de la crueldad en que crecen las niñas y los niños;

porque desde pequeñxs aprenden a reprimir sus sentimientos, a ignorar la verdad, y a negar la impotencia ilimitada que experimentan lxs niñxs maltratadxs.

2.2.1 Me niego a llamarle hermano: Laura

Tras el rostro severo, las manos erguidas, la voz firme, Laura, llega al puesto de tamales y atole para platicar sobre su vivencia de incesto, de 41 años, morena, ojos cafés, pelo corto, reafirma sus ganas de vivir. La valentía la acompaña en medio día soleado y buen ambiente para la charla.

> Fue una falta de atención de mis padres, si hay un trasfondo de violencia intrafamiliar, ahí se genera el abuso sexual. Somos siete hermanos, cinco mujeres y dos hombres, soy la más chica de los siete, el abusador ocupaba el cuarto y me llevaba trece años.
>
> Recuerdo que el tipo buscaba los momentos o el tiempo en donde no hubiera nadie en la casa y entonces me violaba. Me afectó de todas las formas, mi cuerpo, mi mente, en la forma en que veía a mi familia, como me veía a mí misma, no me encontraba, mi etapa más dura y más difícil fue mi adolescencia, si tuve mucho exceso de drogas, alcohol, sexo, no llegaba tres o cuatro días a mi casa, viví las consecuencias del abuso de los diecisiete a los veinticuatro me derrumbe en esta etapa.
>
> Me puso en la madre el abuso, me desvalorizó, tenía mucha desconfianza, también me afectó en el ámbito sexual, en mi persona, mi ser, mi físico, me sentía aislada, tímida, insegura, todo cambio desde el momento que fui víctima del abuso.

Laura es una mujer valiente, a pesar de las complicaciones que tuvo en la adolescencia ha logrado sobrevivir y encontrarle sentido a su vida, el abuso perpetrado por su hermano a quien se niega a llamarle así, duró cinco años, ella tenía seis y hasta los once años dejo de suceder.

En su adolescencia, intentó decirle a su familia, quienes la tacharon de loca, alcohólica y drogadicta, ella se sintió pésima, se sumergió por muchos años en la depresión desde los diecisiete a los 24 años, fue en esa época que comenzó a buscar ayuda terapéutica. En su interior algo la llamaba a disfrutar la vida a no amargarse por su vivencia de abuso sexual infantil, buscó regresar a la escuela que había dejado inconclusa, sus sueños nacían de nuevo, aunque al paso de algún tiempo se rompían en la nada y ella sufría mucho por no superar los daños causados por el Abuso Sexual Infantil.

Para Laura y Janet, la violencia intrafamiliar se relaciona con el Abuso Sexual Infantil, además de la sociedad patriarcal que se vive en México y en la mayor parte del mundo. Ambas fueron abusadas por sus hermanos que en lugar de darles seguridad y protección, las lastimaron profundamente.

2.2.2 Nunca lo hablé hasta que tuve a mis hijos: Mago

La cita se da en una tarde de domingo, las hojas de los árboles caen y son pisadas por los transeúntes, el otoño está por llegar y con él se prepara Mago para enfilarse en un nuevo periodo laboral de fines de semana.

Sus cincuenta y ocho años de edad, la han hecho valiente, las arrugas sólo son sinónimo de las heridas sanadas, tez morena y acento fuerte revelan su procedencia de Acapulco, Guerrero. A los 12 años piso tierra capitalina.

Recuerdo que tenía cinco años cuando ocurrió por primera vez, fui con una tía a un evento y me dejó con un hombre que ni ella conocía, él fue quien abusó de mí. Había mucha gente y este señor se ofreció a cuidarme mientras mi tía iba a no sé dónde, ella sin desconfiar me dejo en sus brazos. Nunca lo hablé con nadie, hasta que tuve a mis hijos.

Está experiencia fue muy dura, me dolió mucho físicamente porque casi me viola, al otro día, recuerdo que me lavaba mucho las manos, porque el tipo me hizo que le tocará su miembro.

Me causaba repugnancia tocar un bolillo porque era la misma sensación que sentí cuando el tipo me dijo que lo agarrara, me dio mucho asco porque se vino en mis manos y desde entonces ya no quise comer pan con queso.

El otro abuso sexual que sufrí fue por mi hermano que me llevaba siete años, él me tocaba mis partes todo el tiempo, tampoco dije nada y me quedaba callada, cuando esto ocurrió iba en la primaria, después se me olvidó o hice que se me olvidara, porque siempre viví con mucho miedo, y a ese hermano siempre le tuve rechazo.

El abuso ocurría en las noches, dormíamos en la misma cama y era de estarme tocando todo el tiempo, ya no quería dormir con él, después de que me pasó con el extraño mi hermano siempre estaba tocándome, estaba muy chiquita.

Mis experiencias las recordé cuando me embaracé de mi primer hijo, entré en una depresión muy fuerte durante el embarazo, el psiquiatra me dijo que a una de cada mil le ocurría. Me dio una crisis y entonces fue como comencé a recordar el abuso. Llegué a hablar con una de mis hermanas y al parecer me tranquilizó un poco, tuve a mi hijo, se me pasó la depresión y otra vez lo volví a alejar de mi mente, no quise entrar al tema, lo recordaba pero no quería analizar el por qué.

Pasados seis años del primer parto, me embarazo de nuevo, me vuelve a pasar lo mismo, regresan los recuerdos, entró en depresión, tenía sentimientos de culpa, lo traté en terapia, ahora lo platico como algo desagradable que me pasó, antes no quería hablar del tema.

La situación con mi hermano me ha costado más trabajo enfrentarla, me da más coraje y me pregunto por qué él si era mi hermano.

Lo que le ocurrió a Mago de olvidar el abuso luego de su primer embarazo, pero regresaron los recuerdos en el segundo, es una forma de sobreprotección, tu cuerpo sabe en qué momento estás lista y continuar o mejor se bloquea, así lo comentan Ellen y Laura Devis, en su libro *El coraje de sanar.*

Muchas veces el conocimiento de que se fue víctima de abuso sexual comienza con un minúsculo sentimiento, sensación, intuición. Es importante confiar en esa voz interior y trabajar a partir de allí. Suponer que las sensaciones son válidas. Es raro que una persona crea que sufrió abusos sexuales y después descubra que no fue así. La progresión suele ir en sentido inverso, de la sospecha a la confirmación. Si de verdad piensas que abusaron de ti y tu vida manifiesta los síntomas, hay una gran probabilidad de que haya ocurrido así. Si no estás segura, mantén abierta la mente y ten paciencia contigo misma. Con el tiempo verás más claro.

2.2.3 El abuso trastocó todo mi ser: ALC

La nostalgia envuelve los recuerdos cubiertos en hojas secas del desolado pantano, la voz recia, fuerte, entrecortada, muestran a una ALC animada en vivir a partir de la reconstrucción de sí misma. Sólo desea ser nombrada así.

Tiene treinta y ocho años, la poesía de la vida sin sufrimiento la busca a partir de su delgadez. Mirada de ímpetu, fuerza y coraje la acompañan a balancearse en el columpio de la ternura de la madurez.

Mi recuerdo se basa sólo de imágenes, mi mente está bloqueada no tengo recuerdos de sonidos o sensación alguna. Sucedió un día entre semana por la mañana, supongo que tenía a lo más siete años, él me dijo algo me tomó de los hombros me recostó en su cama, después él está encima de mi moviéndose, mi último recuerdo es que estoy de pie limpiando mi vulva porque tengo algo que parecen mocos.

Siendo yo una infante me afectó en todo, mi vida cambió drásticamente, ya no fui la misma ni física ni emocionalmente, me transformó en otra yo, alteró lo que para mí era normal, surgió de pronto otra personalidad; existe un antes y un después del evento.

ALC es una mujer amable, de sonrisa tímida, actualmente tiene un buen trabajo y quiere seguir estudiando Lenguas, le gusta mucho el inglés y desea ampliar su vocabulario, por lo que constantemente toma cursos. Ella no quiso decir su nombre porque aún teme que alguien la reconozca y la juzgue. No desea que este tipo de experiencias sigan ocurriendo a diario, mucho menos que se trate de familiares que abusen de lxs niñxs.

ALC, Janet y Laura se conocieron durante el taller de Mujeres supervivientes de Abuso Sexual Infantil, en la asociación civil Caleidoscopia, cada una, refleja una historia postrada en el dolor y la sobrevivencia.

En el caso de ALC, no recuerda muchas imágenes, sabe que le ocurrió pero a veces se siente frustrada por no poder recordar más, sin embargo en terapia le dicen que es todo a su tiempo y a su ritmo. La vida para estas mujeres ha sido una constante lucha contra sí mismas, contra los recuerdos, la culpa, la vergüenza, el sentir que no merecen algo mejor o no son capaces de recibir cariño de las demás personas.

ALC también ha tomado terapia por años, desde que le surgió esa imagen y a partir de ahí ha tratado de salir adelante, ya sea leyendo algún libro, asistiendo a talleres, terapia, así logra salir al paso, sonriendo de nuevo.

2.2.4 ¡Quédate quieta, luego pasa!: Brenda

A través de la danzaterapia que involucra el movimiento del cuerpo una o uno podría recordar algún abuso sexual, reflexiona Brenda, para quien a partir del movimiento llegan a su memoria los recuerdos de abusos sufridos.

Acompañada de ensalada de atún con galletitas, Brenda aparece a la hora de la comida, nos reunimos una tarde de un día entre semana, por la plática ni siquiera probamos bocado, las emociones no dan paso a la merienda.

Brenda de 42 años, cabello negro, estatura media, tez morena claro, busca reabrir el camino de los recuerdos. En un cuarto pequeño, con paredes blancas, la maestra de primaria, y danzaterapia, comparte sus sentimientos sobre la herida de la infancia.

Su padre, fue uno de sus agresores.

Recuerdo un Volkswagen, un vestido que tenía de chica, y escenas con mi papá pero no tan claras, como de tocamientos, los abusos mayores los recordé recientemente. Cuando entré a la psicoterapia corporal me volví a poner ronca y fui con un médico que trabaja también emociones, me pidió que hiciera una carta de todo lo que recordaba, que sólo lo dejará salir, ahí fue todo más claro, fueron varias veces que mi padre abuso de mí, tenía como cinco años.

Mi papá vendía seguros, tenía un taxi y me llevaba con él. Recuerdo una escena en el coche donde me tocaba; la mayoría de las veces me llevaba a su departamento y había un colchón en el piso. Me metía los dedos, me tocaba, me besaba, me quitaba todo, los calzones, recuerdo más la sensación de sentir todo su peso encima, de no poder respirar, no poder moverme. Al principio luchaba para que no pasara, le rogaba a mi mamá que no me mandará con él, pero ella no me escuchaba; mi táctica de sobrevivir fue decir: quédate quieta, luego pasa.

Otro abuso que viví fue por parte de un primo que me lleva cinco años, él nos besaba a una prima y a mí, mientras se masturbaba.

Me cuesta más trabajo hablar de los abusos que sufrí por parte de dos tíos, hermanos de mi mamá, las emociones están a flor de piel, acabó de recordar y los quiero mucho. Con el tío más chico lo recordé totalmente desnudo, y con el más grande frotaba su pene por atrás de mí, una vez mi abuelito se dio cuenta y tuvo un pleito con él, pero supongo que no le dijo a nadie.

Los recuerdos de Brenda, han sido temporales, primero recordó los de su padre, no podía creerlos, decidió no hablarle más, pero a la muerte de su madre tuvo que frecuentarlo por un tiempo, lo que le causó malestares físicos que no comprendía; por ejemplo, se enfermaba mucho de la garganta, del estómago, a veces se le iba la voz por semanas. Más tarde vinieron los recuerdos de los abusos por parte de sus tíos, con quienes ha convivido más.

Ella platica que tenía un sueño frecuente y fue como recordó el abuso sexual cometido por su padre.

Había un cuarto y me venía persiguiendo un puerco pero en dos patas, salía corriendo, en el cuarto había un colchón en el piso y el cerdo se me echaba encima, no lo interpreté en lo sexual sólo sentía que tenía que protegerme de que no me hiciera nada, y además me pesaba mucho, fue la psicoanalista quien lo interpretó como abuso a partir de asociación de palabras, me sentía como flotando, me preguntaba ¿habrá sido o no?, sólo continúe dos meses en terapia y no quise regresar.

A los 24 años perdí la voz, creí que era por la muerte de mi mamá, empecé a trabajar lo emocional y recuperé la voz, ahí trabajé poco lo del abuso, porque ni la terapeuta ni yo quisimos ahondar en ello.

Cuando tenía 38 años volví a retomar el tema del abuso. Me caí, me lastimé el lado derecho, las rodillas me dolían mucho, está parte del cuerpo representan las relaciones; en diciembre me enfermé muchísimo, me sentí muy cansada, deprimida. Se me volvió a cerrar la garganta y el estómago me dolía. Empecé a estar mejor en marzo, tenía una infección urinaria, es un desajuste hormonal con mi parte femenina, menstruo no menstruo, todo tiene que ver con los abusos recordados.

Cuando Brenda era pequeña, sus padres se separaron, pero su madre no quería que perdiera la relación con su progenitor, entonces cada que la iba a ver, su mamá dejaba que se la llevara, ella recuerda que desde el principio le dijo que no quería ir, pero aun así se iba. Comenta que a veces su padre la visitaba diario, en otras ocasiones pasaban dos semanas o hasta un mes. Tras el miedo que sentía, en varias ocasiones Brenda le pidió a su prima menor que la acompañara, teme que su progenitor también haya abusado de ella.

2.2.5 Viví con mucha culpa demasiado tiempo: Ana

La cita se da en su consultorio donde da terapias martes, miércoles y jueves a partir de las dos de la tarde, hasta las once de la noche, depende de lxs pacientes que tenga durante el día. Es una mujer con carácter fuerte, algunas veces sus consultantes se quejan por lo dura que es, pero Ana Cecilia Salgado cree a veces necesario abrirle lxs ojos a quienes la consultan para que vean aquello que no quieren ver, para que puedan sanar y disfrutar la vida.

El otoño se vislumbra por las hojas caídas que se encuentran en la puerta principal del edificio; el atardecer es hermoso, un viento suave recorre por nuestras mejillas y Ana cordialmente me abre la puerta, nos sentamos en su oficina, el espacio es pequeño pero muy acogedor.

Ana Cecilia Salgado, tiene 60 años, es de ojos claros, tez blanca, cabello corto y blanquizco, estudió Trabajo Social, se inclinó por la psicoterapia corporal, ha tomado varios diplomados todos relacionados con curar las heridas del alma.

Ella se interesó por apoyar a mujeres que necesitan terapia, en especial relacionadas con tema de abuso sexual, debido a que ella lo vivió. Fue consciente de lo que le pasó, lo cargó durante años con mucha culpa. A los 22 años lo habló por primera vez y comprendió la necesidad de hacerlo y trabajar en ello, hasta ahora ha sido una motivación para seguir trabajando con las mujeres en la misma situación.

Nunca dejé de pensar en el abuso, de tratar de entenderlo, mi mamá nunca lo supo, viví con mucha culpa todo el tiempo, se lo dije una vez a mi hermana, se lo escribí pero nunca me comentó nada.

Quien abuso de mi fue el mozo que vivía en casa, el que me cuidaba, en el que yo confiaba, me enseñó a andar en bicicleta, en patines, me compraba cosas, siempre nos llevaba al mercado a mis hermanas y a mí, no era familiar pero era muy cercano.

Sólo recuerdo una vez, no me lastimó físicamente, fue más el daño emocional, como no tenía palabras para nombrarlo no sabía qué había pasado, yo tendría como entre cuatro o cinco años, tampoco vi nada sólo sentí.

Ana Cecilia, confiesa que se sintió mal durante años, no lo habló y cargaba con la cruz a escondidas, le dolió porque quería mucho a esta persona, aunque no era su familiar y no entendió por qué lo hizo, se sintió defraudada pues confiaba mucho en él.

2.2.6 Entender que sólo era una niña: Janet

Janet desde pequeña tuvo la sensación de que algo le ocurrió. A los diez años tuvo un sueño en donde lloraba porque su padre la violó, estaba en la cocina, no había más imágenes, su hermana le dijo que sólo era un sueño, pero siempre mostró cierto rechazo hacia su progenitor, aunque sin comprender por qué.

Durante la adolescencia, comenzó a recordar los abusos de su hermana y sentía confusión y falta de credibilidad en sus recuerdos. Al paso de los años, llego a un grupo de Alcohólicos Anónimos, AA, donde su pasado brotó a la superficie sin que ella pudiera manejarlo. En esas imágenes confusas al principio recordó los abusos de su hermano Antonio, a quien ella quería mucho y no podía concebir aquello.

Ella se veía una niña pequeña de no más de cinco años de edad, él de 21, se llevaban 16 años de diferencia. Toño la invitaba a su cuarto a ver películas, así empezó el juego.

Janet no quiso regresar a AA, buscó ayuda psicológica, pensaba que se iba a volver loca o lo estaba, no creía en sus recuerdos, pero conforme encontró ayuda éstos aumentaron, además su mente se aclaró sobre qué es un Abuso Sexual Infantil.

> Me cuesta mucho trabajo entender que sólo era una niña, conforme voy a terapia descubrí que lo que me hacía mi padre, mi hermano e incluso mi hermana era abuso sexual porque aunque con ella sólo me llevaba dos años me incomodaba mucho y la psicóloga me recomienda creer más en mí y en las sensaciones que sentí durante los abusos, aunque la sociedad no reconozca que es abuso sexual, es importante lo que me sucedió y quiero denunciar.

> Lo más difícil para mí en este momento, es perdonarme a mi misma, perdonar a esa niña, a veces pienso que hubiese podido hacer más, gritar, decir que no, pero era tanto el cariño que sentía por estas personas, además de que era la más pequeña y sin duda me sentía muy vulnerable, entender que sólo era una niña e hice lo que pude, aún es duro.

2.3 ¿QUÉ AFECTÓ EN MÍ?

Son muchas y diversas las secuelas que deja vivir uno o varios abusos sexuales durante la infancia y más si no se habla en el momento. Las víctimas crecen con desconfianza, inseguridad, vergüenza y mucha culpa, lo cual puede hacer que las sensaciones agradables las hagan sentir mal, piensan que la única forma de recibir amor es con dolor y violencia.

Susan Forward y Craig Buck, en su obra *Padres que odian*, describen algunos síntomas que presentan las víctimas de incesto en su infancia, pues éste traiciona el corazón mismo de la niñez, su inocencia. El incesto representa la traición de la confianza más básica entre la niña o niño y el padre o la madre.

En ocasiones, las victimas de incesto suelen subestimar el daño que han sufrido porque no se dan cuenta que la violencia emocional es tan destructiva como la física. Es común que las personas que vivieron abuso sexual en su infancia y no lo dicen de pequeñxs crezcan con sentimientos de que son malxs, sucixs y responsables de lo que les sucedió; presentan un aislamiento psicológico que en ocasiones les impide tener amigos, su propio aislamiento los hace refugiarse en su agresor, quien es fuente de las únicas atenciones que recibe, por más perversas que sean.

También las y los sobrevivientes tienen problemas con sus relaciones sexuales y de pareja, suelen confundir obsesión y malos tratos con amor. Quienes lo llegan a olvidar, pueden resurgir los recuerdos mientras se encuentran en proceso terapéutico, recuerdan nuevos abusos, y suele ocurrir porque ahora son más fuertes que antes, más capaces de enfrentarse con los nuevos recuerdos.

Janet:

> Lo borré de mi mente por muchos años aunque desde pequeña me sentí diferente, fuera de mí, era muy seria, me volví desconfiada, dudaba de mi valor, me duele mucho, aún tengo vergüenza y culpa. He permitido que la violencia permee en mis relaciones sociales, familiares y de pareja, aunado a todo esto, me siento muy sola,

varias veces he pensado en el suicidio, es como vivir en mi propia cárcel. Lo peor, es que las personas a mí alrededor no lo notan, desde niña fui reservada en contar a mis amigas lo que ocurría en casa, ahora de adulta a veces lo sigo reproduciendo. Me hago la alegre, sonrío a los demás pero me siento atrapada.

Otras afectaciones en víctimas de abuso sexual infantil es que pueden desarrollar la habilidad de ser buenos actores. Es tanto el terror, la confusión, la tristeza, la soledad y el aislamiento de su mundo interior que muchas y muchos de ellxs cultivan un falso "sí misma, sí mismo" que les funciona para relacionarse con el exterior y actuar como si fueran estupendas, normales, felices y ocultando así su verdadera historia de dolor.

Los autores de *Padres que odian*, ven al incesto como una forma de cáncer psicológico, no terminal, pero se impone el tratamiento y es sumamente doloroso.

En el caso de Laura repercutió en toda su persona y su forma de ser; hablar le ayuda a liberar el trastorno, los complejos, la frustración y las culpas. Iniciar un proceso de terapia beneficia por duro y doloroso que sea, es una de las maneras más sanas para liberar la depresión, angustia y emociones encontradas; así lo describe:

> Cuando llegué a terapia tenía 19 años pero no encontraba la forma de hablar del abuso, desde mi adolescencia me di cuenta que no encontraba el sentido de vivir, y empecé a suplir el placer con drogas, coca, cigarro, alcohol, trataba de cubrir ese hueco que te deja vivir un abuso sexual infantil.

La psicoterapeuta Ana Cecilia Salgado explica que los problemas que enfrentan las y los sobrevivientes son inseguridad, angustia y baja autoestima; somatizaciones de cualquier tipo desde insomnio, malestares de cabeza, del estómago, muchos miedos aparentemente sin causa, sudoraciones inexplicables, pánico sin sentido, histerias, psicosis, además de caer en la victimización constantemente, las consecuencias son diversas, depende de la estructura de cada paciente y de cómo pudo vivir la experiencia es el daño.

"A una niña le roban su inocencia y le destruyen el alma, yo sentí que a mí me robaron el alma y que he tenido que ir reconstruyendo, moldeando, con demasiado dolor, culpa, con sentido de pecado, de merecer castigo, cosas que no tendrían que ser", narra con voz firme Salgado.

En entrevista, la psicoterapeuta y sexóloga Karla Barrios describe algunas de las múltiples y variables características que presentan las y los sobrevivientes de Abuso Sexual Infantil, a partir de su experiencia clínica, como son: represión para la expresión de sentimientos, problemas de alimentación y sueño, somatizaciones, ansiedad y angustia; introyectos aprendidos desde la infancia tales como: vergüenza, inadecuación, culpa, que se traducen en "debo" y "tengo que"; estos mensajes no se cuestionan, no son conscientes se expresan en lo verbal, corporal y gestual. Las mujeres sobrevivientes suelen abordar las necesidades de otras (os), no las propias.

La persona no se da cuenta de los introyectos admitidos en la infancia, aunque los refuerzan a lo largo de su vida, cuando sufre conflicto, deterioro y distorsión en autoimagen y autoconcepto, depresión, maltrato personal (articulados como frustración, enajenación del cuerpo, automatismo, aislamiento, pensamientos excesivos, racionalización, insatisfacción, disfunciones de la vida erótica, anestesia de sensaciones, sobre exigencia, sobre responsabilización, etc.), la minimización y justificación de los actos violentos, disociación entendida como incongruencia personal en el sentir, pensar y actuar, inseguridad manifestada como desconfianza en sí mismas, y dificultad en las relaciones y particularmente en las relaciones con los hombres, reflexiona Barrios Rodríguez tras su experiencia en el tema.

Todas estas características expresan las pacientes de Karla Barrios, además de autoestima deteriorada, sentirse diferentes a las/los demás, y trastornos emocionales diversos.

La vida de Brenda se vio afectada de la siguiente manera:

> A raíz del abuso sí cambié; era muy extrovertida, hablaba mucho, era como la chispa de la fiesta, y de pronto dejé de hablar y me quedé mucho conmigo misma. Me volví insegura, muy callada, me cuesta mucho trabajo hacer algo, quizás tengo mucho éxito pero sufro demasiado para realizar algo, aunque lo logre; me cuesta creer que la gente me quiere, sobre todo mí pareja, me siento rechazada.

Las sobrevivientes entrevistadas narran sentir mucha culpa, vergüenza, desconfianza, inseguridad, además de una combinación de dolor y placer en cada nueva vivencia.

ALC:

> El abuso trastocó todo, me volví introvertida, hablaba poco con las personas aun con las de confianza; me volví miedosa, desconfiada; me ensimismé, me clave en mis pensamientos, sin mirar ni escuchar lo que ocurría a mí alrededor. Cuando me hablaban no prestaba atención, estaba todo el tiempo a la defensiva. Todo, por supuesto, ha tenido un costo a largo plazo, ya que afectó mis relaciones interpersonales y más aún las de pareja.

> A la fecha, continuo trabajando en ello, he hecho pausas en el trabajo de terapia porque a veces me doy por vencida, no le veo el fin, sé que lo hay, pero tiene un desgaste emocional muy fuerte que afecta mi presente, lo quiero concluir en corto plazo.

Susan Forward y Craig Buck, en *Padres que odian*, comentan que otras de las tantas afectaciones en las víctimas de incesto es el autocastigo, autosabotaje. Tras experimentar algún placer sexual, algunas mujeres tienen sentimientos de rechazo a sí mismas, como consecuencia, necesitan pagar el precio de aquel placer por lo que se llegan a lastimar físicamente, comiendo en exceso, presentan fuertes dolores de cabeza y hasta visualizan el suicidio.

2.3.1 Vergüenza y culpa acompañan a sobrevivientes

Es una lucha constante que tienen que enfrentar las y los sobrevivientes de Abuso Sexual Infantil, día a día. Las entrevistadas han logrado vencer la vergüenza y culpa tras años de terapia. Janet es la que lleva menos tiempo en proceso terapéutico, aún se le dificulta.

La vergüenza, o sentirse avergonzadas por lo que les ocurrió y la culpa son dos emociones muy intensas en las sobrevivientes de Abuso Sexual Infantil.

Luis Valdés en su obra *De la culpa a la paz y al amor*, dice: "Las culpas esclavizan y hacen vivir con la sensación de deuda y por eso se aceptan los castigos".

El sentimiento de culpa involucra factores culturales, sociales, religiosos, familiares y personales, surge por distintas razones, puede ser una arma de doble filo, resulta ser beneficioso en algunas situaciones y, en otras, perjudicial.

El lado negativo de la culpa es que puede llegar a ser destructiva, dañina y dolorosa, aunado a una infelicidad, angustia y el menoscabo de la autoestima. La culpa puede llegar a ser el enemigo de la propia voluntad, de lo que se quiere hacer, de lo que se siente, ya que es capaz de controlar los pensamientos y las acciones.

La vergüenza es un sentimiento interior doloroso de valer menos que lxs demás, es la persona juzgándose y reprobándose a sí misma; además de sensación de pérdida de la propia realidad. La culpa reprueba la conducta.

La vergüenza y culpa van de la mano por ser emociones aprendidas desde la infancia, han sido el método de enseñanza, el método para controlar a las niñas y niños, así las y los sobrevivientes de Abuso Sexual Infantil crecen con ambas.

Cuando se siente vergüenza por haber llevado una acción o un comportamiento determinado existe la posibilidad de corregir el error; en cambio, cuando la persona se siente avergonzada de lo que es, suele sentirse despreciable e inferior a lxs demás, se compara, no se cree merecedora de cosas positivas; así ocurre con las mujeres y hombres que han vivido violencia sexual.

La vergüenza y el estar avergonzada (o) es fruto de una construcción social a partir del sistema familiar en donde las relaciones se basan en juzgar a las personas en "buenas" o "malas" y calificar las conductas a partir del "bien y el mal", sólo hay dos extremos.

Por ello sentir culpa y vergüenza ante la vivencia de violencia sexual en la infancia tiene que ver con una construcción social previa.

Marcela Lagarde plantea que las mujeres en una cultura como México están predeterminadas a sentir culpa cuando viven violencia sexual en la infancia y también en la vida adulta.

"Las mujeres comparten como género la misma condición histórica y difieren en sus situaciones particulares, en su modos de vida, sus concepciones del mundo, así como en los grados y niveles de opresión". Lo que significa que si bien la violencia sexual daña de por sí al infante por transgredir su integridad física, psicológica y sexual, la condición genérica de las mujeres contribuye a sentir y creerse culpable ante lo sucedido.

2.3.2 Me comía por dentro perder la noción del presente

La depresión es otra respuesta muy común a los conflictos incestuosos, desde un sentimiento de tristeza constante hasta la inmovilización total. Muchas víctimas del incesto se pierden en el abuso del alcohol y las drogas, lo cual les permite apaciguar de forma temporal sus sentimientos de pérdida y vacío, porque sólo prolonga el sufrimiento de las y los sobrevivientes. También autosabotean sus relaciones, su trabajo, algunos llegan a cometer crímenes violentos para recibir el castigo de la sociedad.

A las adultas y adultos víctimas de incesto se les hace difícil renunciar al mito de la familia feliz, por lo que siguen manteniendo relación con sus padres, que a veces son sus mismos agresores, pero siguen esperando que su padre y su madre les validen y alivien, aún buscan el amor y aprobación de ellxs.

Como arenas movedizas que se tragan a las víctimas, son las relaciones familiares de las sobrevivientes hundiéndolas en sueños imposibles que impiden llevar adelante sus vidas.

A veces sigo esperando que mis hermanas reaccionen cómo yo quisiera. Mi madre enfermó gravemente luego de contarle del abuso de su hijo. Por meses me he sentido culpable de haberle confesado lo que me sucedía, con la única intención de recibir apoyo y cariño de su parte. Me confesó no saber qué hacer, estuve mucho tiempo al pendiente de ella, olvidándome de mis propios sentimientos.

Anhelaba su comprensión, esperaba que mi familia cambiara, eso no va a ocurrir. Me siento con mucha frustración, trato de abordarlo en terapia, me frustra que las personas no respondan como yo quisiera, ahora estoy aprendiendo a verme a mí, a dejar de juzgar a los otros y a mí misma, me resulta muy difícil, platica Janet con un rostro de desesperación y angustia.

Cuando las sobrevivientes desean tanto recibir de lxs demás, se sumergen en un sueño imposible, viven intensamente sus emociones, sin poder controlarlas, así surgen las crisis de ansiedad o ataques de pánico, se sienten sumamente aterrorizadas sin una razón evidente para sí mismas o para lxs demás.

Los síntomas de crisis de ansiedad son; miedo excesivo, reacciones físicas como; mareos, taquicardia, vómitos, nauseas, hormigueo o entumecimiento de las manos y pies, presentan confusión, no registran quiénes son, junto a una falta de reconocimiento sobre su entorno.

También llegan a sentirse como en un sueño, fuera de su cuerpo, es decir, estar viviendo una vida que no desean, retraimiento, aislamiento, es en sí una separación de sí mismx.

Estas crisis suelen ocurrir tras enfrentar una situación que produzca intranquilidad al sujeto, se relaciona también con que la persona no sepa cómo reaccionar ante una experiencia incómoda. La respiración adecuada y alargada es un factor importante para calmar los síntomas.

Lindemann Gerald Caplan especialista en intervención de crisis, citado en el libro *Con mi hij@ no*, señala que ésta es la respuesta a eventos peligrosos o amenazantes, es vivida como un estado doloroso y de intenso sufrimiento, tiende a movilizar reacciones muy poderosas para ayudar a la persona aliviar su malestar y recuperar el equilibrio, al resolver la crisis, puede ocurrir que la persona madure a etapas superiores y se sienta con un mejor estado mental y emocional que el presentado antes de la crisis.

Lxs sobrevivientes de Abuso Sexual Infantil también presentan una conducta evitativa; es decir, prefieren no hablar sobre lo que les duele, por ello la construcción de otrx "sí mismx" diferente para relacionarse en el exterior, evitando el dolor de su vivencia.

Todos los síntomas descritos no sólo los presentan quienes vivieron abuso sexual en la infancia, puede ocurrir que los padezcan otras personas por diversas circunstancias. Es decir que son características comunes que han presentado las mujeres y hombres sobrevivientes de Abuso Sexual Infantil, pero no son exclusivas de este rango.

Las mujeres sobrevivientes de Abuso Sexual Infantil, han tenido este tipo de crisis, Janet lo platica:

> Fue una experiencia horrible, dos de mis hermanas me llevaron con una señora que da masajes y baños de tina con hierbas como una forma de ayudarme. Durante el baño me vinieron recuerdos muy fuertes sobre el abuso de mi padre, sentí un miedo profundo, me vi de niña temiéndole a la oscuridad y a ese monstruo que se aparecía en las noches y hacía ruidos extraños, era mi padre que se quitaba su pantalón, aventaba su cinturón y comenzaba a tocarme, sentía que me bajaba de la cama, me comía por dentro, ahí fue cuando perdí la noción del presente.
>
> Trataron de hacer que durmiera un poco, pero no pude, escuchaba los ronquidos de la señora del masaje que me remontaban al pasado, a cuando papá no dejaba de roncar y cuando lo hacía era porque se despertaba para tocarme. Me llevaron a un cuarto aparte, pero de nuevo no concilie el sueño, me sentía insegura.
>
> Recuerdo una desesperación insoportable, no saber quién era, donde estaba, mucho temor, querer salir de ahí, no podía calmarme, durante el trayecto de ahí al psiquiatra pateaba el carro, empujaba puertas, me sentía atrapada, no comprendía lo que mis hermanas querían decirme, fue algo espantoso, temía quedarme encerrada en el manicomio. Las escenas las recuerdo perfectamente, pero era como si no pudiera calmarme como si alguien más me controlara y me hacía hacer todo lo antes dicho.

El especialista Gerarld Caplan recomienda la intervención inmediata de un profesional de la salud que administré al paciente medicamento, y lo acompañe con un trabajo terapéutico.

En Querétaro, existe el Centro de Intervención en Crisis Emocional, CICE, coordinado por el psicólogo Juan Carlos García Ramos, que ayuda a lxs pacientes, y también brinda el Diplomado en Intervención de Crisis con duración de 150 horas.

En el libro *Con mi hij@ no*, Lydia Cacho muestra un cuadro propuesto por García Ramos sobre dos etapas de intervención de crisis.

> 1) Puede durar minutos y horas, cualquier persona cercana a lxs afectadxs puede socorrerlxs, el objetivo es restablecer el equilibrio, dar apoyo de contención, rescate de eventualidades de riesgo y enlazar con recursos profesionales de ayuda.

> 2) En esta etapa pueden intervenir lxs psicoterapeutas, orientadorxs, psicologxs, psiquiatras, entre otros; quienes a partir de un tratamiento, que puede ir de semanas a meses buscan resolver la crisis, ordenar el incidente, establecer la apertura y disposición para afrontar el futuro.

Tal como la experiencia de Janet, son varias las personas que enfrentan estás etapas de crisis, muchas veces sin que quienes estén a su lado sepan cómo ayudar, es por ello que la Organización Mundial de la Salud y la Cruz Roja, promueven los talleres de capacitación para que más personas tengan acceso a técnicas terapéuticas.

Diversas personas enfrentan crisis de ansiedad por alguna experiencia, las y los sobrevivientes de abuso sexual infantil la viven constantemente.

De manera tímida, Rosa narra su historia al participar en un grupo terapéutico para mujeres que vivieron violencia sexual en su infancia, su voz es frágil y se entrecorta durante la narración. Han pasado años desde que abusaron de ella, ahora, madre de dos hijos aún tiene mucho temor de repente.

Todo empezó, cuando la relación con su pareja e hijos comenzó a fallar. Estaba tranquila, funcionaba bien, es decir; tenía un trabajo, hacía las tareas domésticas, regresaba y cenaba con su familia, jamás se preguntó si era feliz, sólo vivía, hasta que un día estalló. No recuerda del todo qué ocurrió.

En la mañana fue a trabajar, aunque le hablaba a la gente, sentía cierto rechazo, era muy tímida, comenzaron a reír, sintió que sus compañeras se burlaban de ella, de su trabajo.

Se fugó de su presente, recordó las risas y burlas de su agresor, veía su cara, se puso furiosa, aventó cosas, todxs se sorprendieron, su jefa le pidió que se retirara y ahí sintió que no era ella. Estaba muy alterada que nadie podía controlarla, luego se desmayó. Al despertar se encontraba en el manicomio, desde entonces empezó a tomar ansiolítico, para la ansiedad.

La relación con su familia mejoró un poco, les contó sobre los abusos sexuales sufridos en su infancia y el miedo de entonces regresó a ella, sus hijos ya mayores la entendieron y trataban de cuidarla, su esposo tenía paciencia ante sus arranques de ira.

Al cabo de un año, no podía vivir sin el ansiolítico, de nuevo empeoró la relación con su familia, no se encontraba en el presente, se volvió dependiente, se enfurecía cuando no se lo querían dar, sólo al tomarlo sentía tranquilidad y el miedo tan mortal desaparecía por un momento, por eso deseaba cada vez más.

Llegó el punto en que sus hijos tuvieron que poner bajo llave el ansiolítico y se lo daban a cierta hora. Rosa creía morir, siempre estaba fugada del presente, de la realidad, parecía niña y ese miedo la perseguía como cuando abusaban de ella.

Ahora, por eso asistió al grupo, desea tanto que puedan ayudarla, quiere recuperar su vida, a sus hijos que no la reconocen, a su esposo que teme un día la deje por alguien menos loca. Por eso ocultó tanto tiempo el abuso, no quería volver a sentirse así, ahora comprende que lo importante es hablarlo y sanar esa herida.

Algunas lágrimas brotaron de los ojos color miel de Rosa, mientras narraba su historia, sus manos comenzaron a temblar, se puso muy nerviosa, la terapeuta a cargo del grupo, pidió que respirara profundo varias veces, y se colocará en posición de arraigo; es decir de pie con las piernas un poco flexionadas y firmes.

Rosa se juzga a sí misma por su vivencia, expresa mucho miedo de volver al psiquiatra y no poder dejar el ansiolítico; sin embargo, una parte de ella lucha por vencer sus temores y recuperar su vida, aquella que le destrozaron cuando niña.

III

SIN FÓRMULA MÁGICA PARA SANAR

> Tantas veces me mataron, tantas veces me morí;
> sin embargo, estoy aquí resucitando… Igual que
> sobreviviente que vuelve de la guerra…Tantas veces
> te mataron, tantas veces resucitarás, tantas noches
> pasarás desesperando. A la hora del naufragio
> alguien te rescatará para ir cantando.
>
> *Como la cigarra* de MARÍA ELENA WALSH

Una ayuda que han encontrado las sobrevivientes de Abuso Sexual Infantil es acudir a terapia, ya sea grupal o individual. Existen muchas teorías de la psicología que utilizan lxs profesionales para ayudar en su proceso a las personas que lo requieren. Algunas son; el psicoanálisis, el conductismo, el cognitivismo, la humanista, la Gestalt, y el funcionalismo, entre otras.

La psicoterapia, es la ciencia social que estudia el pensamiento, las emociones y el comportamiento del cuerpo humano. La y el psicólogx que estudia licenciatura en esa rama se dedica al estudio de la psique, procesos mentales y/o sociales. Los psicoterapeutas también atienden los elementos de la psique, no necesariamente se gradúan en psicología, provienen de otras áreas, comunicación, filosofía, medicina, derecho, etcétera, pero desean a partir de la preparación y formación específica en diplomados, maestrías o especialidades, abordar al individux que busca la mejora de la salud emocional a través de un cambio en su conducta, actitudes, pensamientos, y/o afectos.

Lxs psicoterapeutas coinciden en que los distintos tipos de terapia pueden ser usados de acuerdo con la decisión de cada unx, lo importante son los resultados, que cumpla su objetivo de brindar herramientas a las mujeres y hombres que acuden para disfrutar la vida y no pensar en soportarla.

Dentro de la psicoterapia se desprenden varias ramas como la conductual, humanista, terapia de reencuentro, entre otras.

Las sobrevivientes entrevistadas comentaron que visitaron varios lugares para encontrar la ayuda que necesitaban. No hay una fórmula mágica para sanar, es un trabajo arduo, doloroso pero te ayuda a verte a ti misma, todo lo que has dejado, en qué te has descuidado, platica Laura quien lleva casi quince años en terapia, por un tiempo la deja luego regresa cuando cree que está atorada en alguna vivencia.

En la ciudad de México existen pocas asociaciones civiles que atienden estos temas de abuso sexual infantil o de mujeres y hombres que lo vivieron;

algunas de ellas son: Asociación para el Desarrollo
Integral de personas Violadas, ADIVAC, Espacio de
Cultura, Terapia y Salud Sexual, CALEIDOSCOPIA,
Mujeres Sobrevivientes de Abuso Sexual, MUSAS,
Asociación Mexicana para la Salud Sexual, A.C,
AMSSAC, Fundación Infantia, A.C, e Infancia Común
A.C.

Mujeres Sobrevivientes de Abuso Sexual, MUSAS,
A.C. atiende también a hombres que reconocen y
buscan sanar el abuso sexual sufrido en su infancia,
lo mismo que en ADIVAC; es decir que proporcionan
ayuda para ambos sexos. Sin embargo, son más las
mujeres que asisten a consulta.

Además están, el Instituto de Entrenamiento
e Investigación en Psicoterapia, S.C., que brinda
apoyo psicológico con tarifas de acuerdo con
las posibilidades de cada familia; y por casi diez
años, funcionó el Programa de Atención Integral
a Víctimas Sobrevivientes de Agresión Sexual,
PAIVSAS, en la Facultad de Psicología de la UNAM,
ofrecía atención especializada a víctimas de actos
violentos y agresión sexual; asimismo, realizaba
encuestas y formaba grupos de control en
psicoterapia.

En las instancias de gobierno del Distrito
Federal, los Institutos de la Mujer, que se ubican
en cada delegación, dan atención psicológica y
asesoría legal, en ocasiones de éste mismo lugar
las canalizan al Centro de Atención a Víctimas

de Delitos Sexuales, CTA, en donde les brindan atención jurídica, médica y psicológica, cuando el delito es reciente.

A las mujeres y hombres sobrevivientes de violencia sexual infantil que solicitan ayuda sólo les brindan atención psicológica grupal porque el delito prescribe.

Otro órgano gubernamental de apoyo son los Centros Integrales de Apoyo a la Mujer, CIAM, ubicados en cada Instituto de la Mujer, en donde brindan una gama de talleres, sobre sexualidad y prevención, entre otros.

En el Sistema Nacional para el Desarrollo Integral de la Familia, DIF, Procuraduría de la Defensa del Menor y Familia y en las Direcciones de las Unidades de Atención y Prevención de la Violencia Familiar, UAPVIF brindan orientación psicológica a menores de edad.

3.1 Brindamos herramientas para disfrutar la vida

De entre lxs psicoterapeutas sexuales interesados en el tema de abuso sexual infantil se encuentran, José Manuel Hernández, Karla Barrios Rodríguez y el psicoterapeuta Claudio Tzompantzi Miguel, quienes en la asociación civil Caleidoscopia, formaron el Grupo Terapéutico de Mujeres Sobrevivientes de Abuso Sexual Infantil. Con un programa de catorce sesiones brindaron herramientas a las mujeres para continuar con su vida y resolver el abuso sufrido.

José Manuel Hernández, psicoterapeuta, sexólogo clínico, egresado de la Facultad de Psicología, UNAM, maestro en Terapia Sexual y con una especialidad en Desarrollo Humano, platica sobre la creación de este grupo.

Se trata de un proceso terapéutico de 14 sesiones, en donde el foco de atención es el abuso sexual vivido en la infancia sin meternos en otras coyunturas, se aborda desde un enfoque existencial-humanista, involucra diferentes técnicas terapéuticas en las cuales se trabaja a nivel sensitivo, emocional, comportamental y de decisión, las usuarias son las que toman las decisiones, no se fuerza, se va acompañando. Se busca que se reconcilien con su cuerpo, que no se peleen con las sensaciones y visualicen el hecho de re-significar la vida.

El trabajo del taller duró dos años, a mi parecer con excelentes resultados, en ese período atendimos alrededor de cuarenta mujeres o más, no hubo deserción o en un 1%. Se trató de grupos donde había mucho apoyo, se trabajó la cuestión específica del abuso, las féminas terminaban muy animadas.

El sexólogo José Manuel Hernández considera que vivir un abuso sexual en la infancia deja secuelas en las víctimas, lo que él hace como terapeuta es brindar herramientas a sus pacientes para que puedan vivir con menos dolor, hagan una lectura de la situación y continúen con el proceso, habrá momentos en que el tema se cierre y se reabra por algún suceso en particular.

El psicoterapeuta Manuel Hernández opina que la experiencia de abuso sexual infantil nunca desaparecerá, lo que se pretende es que las mujeres y hombres que lo vivieron puedan continuar con su vida utilizando ciertas herramientas, con menos dolor, la cicatriz queda pero ya no duele.

Además, reflexiona sobre por qué es mejor un proceso terapéutico de catorce sesiones en lugar de tres años como opinan otrxs especialistas.

> La dinámica de trabajar tres años me parece desgastante, porque en ese tiempo no es fácil que las personas continúen con la terapia, y dejan esperando a otras. Si bien es cierto que a partir del abuso sexual se repercute en otras vivencias de la persona, y se atienden esas situaciones, se trabaja la repercusión pero no el abuso en sí, se pierden por otras ramas; no digo que no puedan ser funcionales esos procesos, sin embargo en las investigaciones se encuentra que los modelos cortos específicos de abuso sexual dan mejores resultados para las personas que se atienden de inmediato, y no las hacen esperar hasta formar un grupo.

Es importante aclarar que el sexólogo Hernández se refiere a que tocar sólo el tema de abuso sexual infantil con un distinto método puede durar tres meses como él y sus colegas lo llevaron a cabo, pero no menosprecia ni deja en duda la importancia de continuar con terapia el tiempo que consideren necesario lxs pacientes. Como se mencionó anteriormente opina que lxs sobrevientes pueden cerrar el tema de Abuso Sexual Infantil, y tiempo después reabran la herida por alguna situación en particular y decidan regresar a terapia.

3.2 ADIVAC, 24 AÑOS EN ATENCIÓN A VIOLENCIA SEXUAL

La Asociación para el Desarrollo Integral de Personas Violadas, A.C, ADIVAC, se creó hace 24 años, luego de la consolidación del Centro de Apoyo a Mujeres Violadas, CAMVAC, Laura Martínez Rodríguez, era presidenta de ésta y ella junto con otras tres mujeres decidieron crear ADIVAC, en 1990, legalmente se constituye en 1992.

Egresada de la Facultad de Psicología de la UNAM, Laura Martínez se dio cuenta del problema de violencia sexual que viven la mayoría de las mujeres, mientras daba terapia, observó que no importaba la condición social, todas de algún modo fueron agredidas de manera sexual.

Una antropóloga, otra bióloga y una ama de casa junto con Laura Martínez crearon ADIVAC. Visualizaron el problema de abuso sexual, violación, agresión y acoso, todo ello englobado en la violencia sexual que viven desde niñas o en la actualidad. Desde ese momento le dieron un enfoque de género a la asociación.

En 2001, ADIVAC observó la necesidad no sólo de trabajar con mujeres que sufrieron violencia sexual, sino también tocar el tema de la prevención y atender a niñas, niños y adolescentes; ya que conforme transcurrieron los años, cada vez más llegaban mujeres en búsqueda de apoyo terapéutico para sus hijas, sobrinxs, primxs, y hermanxs pequeñxs. Así fue como se formó el taller de prevención del maltrato y el abuso sexual para niñas y niños.

También implementaron un diplomado de Prevención y Tratamiento de la violencia de Género con especialidad en Violencia Sexual, desde 2003.

Comenta Tania Escalante, en entrevista:

> El modelo de atención de ADIVAC se fue creando con los años, por ensayo y error y se sigue perfeccionando conforme se avanza; lo que sí, siempre se usa es el enfoque humanista, terapia Gestalt, el enfoque centrado en la persona, un poco el psicoanálisis, algo que se llama terapia de reencuentro relacionado con la sexualidad y todo ello con enfoque de género y de derechos humanos,

Tania Escalante, desde el 2003 se une al equipo de ADIVAC, es egresada de Ciencias de la Comunicación de la Facultad de Ciencias Políticas y Sociales, UNAM.

> Tras más de 20 años trabajando, ADIVAC concluye que muy pocas mujeres continúan con su vida sin ninguna afectación cuando han vivido violencia sexual, algunas hacen de cuenta que no pasó, lo borran de su memoria, en algún momento, pero siempre transcurre algo, una crisis, un problema, otro tipo de violencia que destapa el acontecimiento pasado y comprenden que necesitan atender el tema [reflexiona Tania].
>
> Muchas mujeres adultas viven con culpa por lo que les sucedió, hasta que encuentran a alguien que las apoye, o sienten desesperación, y es cuando deciden buscar ayuda; algunas otras creen que así es la vida, su experiencia es normal, las demás son iguales, y luego se dan cuenta por una noticia, o una vecina, que pueden buscar ayuda. Yo no soy culpable, ni estoy manchada, ni soy pecadora, aquí estoy y estoy viva y aprenden a vivir de otra manera a partir de ese hecho [platica Escalante, encargada del área de Difusión y Comunicación en ADIVAC].

Sobre la forma de trabajo, o el método de terapia que manejan en ADIVAC, Tania hace hincapié en la perspectiva de género de la asociación, la importancia de la prevención, abordan temas de autoestima, derechos humanos, autoexploración de su cuerpo, empoderamiento, y autoconcepto.

La atención psicoterapéutica se centra en aquello que la persona trae a la terapia; es decir, en su visión y su narrativa sobre sí misma y respecto a los hechos; bajo la construcción de una verdad que le causa daño y le hace vivir dolorosamente.

Por otro lado, abordar los hechos traumáticos en la consulta requiere preparación y disposición para lograr resultados; es decir, que la persona reconozca la utilidad de recordar de manera estructurada y que desee comunicar lo ocurrido. Para tal efecto, se construye una alianza terapéutica que permite a la persona sentirse acompañada por la psicóloga en la reconceptualización de su historia. De igual forma, las condiciones –y el tiempo- para abordar los recuerdos traumáticos se dan en un espacio confiable, íntimo, protegido, seguro y respetuoso; donde se evita el abordaje de narraciones dolorosas que pudieran quedar inconclusas.

Tania Escalante reflexiona sobre la importancia de que otras y otros miembros de la familia tomen terapia o algún taller sobre violencia porque ocurre que las niñas y niños que van a los cursos y vivieron algún abuso, avanzan en su proceso pero regresan a casa y se encuentran con el mismo patrón de violencia.

No trabajar la violencia sexual como algo particular, sino que es importante apoyar a la comunidad, por eso trabajamos con la gente que vive violencia y su familia. Si tú te posicionas de otra manera, tu comportamiento incide con las personas que vives.

Las familias que hemos atendido cambian sus formas de vida y de abordar la violencia. Durante el proceso terapéutico puedes ver que las mujeres y los pocos hombres que vienen empiezan a empoderarse, se hacen dueños de sí y de su propio proyecto de vida, terminan sus tesis, aprenden un idioma, viajan solas, se divorcian, cambian de trabajo, entre muchas otras cosas, [analiza, con rostro alegre y mirada firme, Escalante].

Por ello, en ADIVAC, también se da un Taller de Contención emocional para familiares de personas afectadas por la violencia sexual y de género; cuyo objetivo es preparar, orientar y que también se sientan apoyadxs lxs familiares y amigxs que desean cooperar con quienes vivieron violencia sexual.

3.3 Nuevas puertas se abren. ser, Terapia Corporal, A.C.

Ante la falta de personas o asociaciones que aborden el tema de violencia sexual y traten de apoyar a mujeres y hombres en situaciones que crean conflicto en el disfrute de su vida, Ana Cecilia Salgado psicoterapeuta corporal decidió crear el Grupo Terapéutico de Mujeres Iztacalco, al que llegaban en su mayoría mujeres que vivieron abuso sexual infantil o reciente.

Hermana de cuatro mujeres y un hombre, quien ya falleció, la psicoterapeuta Salgado, comenzó a laborar como trabajadora social en centros de migrantes, ahí observó la violencia sexual contra las mujeres, que ya de por sí son migrantes y vienen violentadas de su país de origen, llegan a México y también sufren precariedades y violencia.

> Empecé a dar terapia en cuanto me gradué como psicoterapeuta corporal, en el año 1993, hace veinte años, ésta me ayudo a entender lo que a mí me había pasado, lo trabajé en terapia grupal para mí fue muy reparador y entonces me planteé dar terapias.
>
> Mínimo del 60% de las mujeres con las que he trabajado han vivido abuso sexual infantil, yo creo que la mayoría lo han vivido de forma muy traumática [reflexiona Salgado. De los veinte años dando terapia ha atendido alrededor de dos mil 500 sobrevivientes].

Decidió estudiar el Diplomado de Formación en Psicoterapia Corporal, en donde aprendió las herramientas para ayudar a cualquier persona que lo solicite.

El método de terapia que utiliza Ana Cecilia Salgado, también es variado, la psicoterapia corporal, la Gestalt y humanista, pues todas ellas le brindan algunas herramientas, no se quiere casar con una sola, prueba la que en ese momento le funciona a cada paciente.

> Primero abordo a mis paciente con el discurso, después identificar el daño, qué tanto hubo, una vez que hago eso, utilizó el cuerpo para reproducir la escena para combatir el trauma.

No existe un tiempo determinado para la sanación, el tratamiento depende del tiempo emocional de la persona, si el trauma fue leve es más rápido, pero si es muy profundo y toca la esencia de la personalidad, lleva mucho más tiempo.

Hay quien llega a terapia y se atreve a nombrarlo, o llegan sin saber, por un problema actual con su pareja, o vienen con alguna somatización, o problema sexual, o de plano no recuerdan nada, entonces en el transcurso de la terapia se dan cuenta que vivieron abuso sexual infantil.

Luego de la formación del Grupo Terapéutico de Mujeres Iztacalco, Ana Cecilia Salgado con más de veinte años de dar terapias decidió dar junto con otrxs colegas, el Diplomado de Formación en Psicoterapia Corporal, con duración de tres años, y validado por la Universidad Autónoma del Estado de Morelos, UAEM, las mujeres y hombres interesadxs podrán adquirir el conocimiento y las herramientas para ayudar a otrxs y así mismxs a partir de su crecimiento personal.

Eso no es todo, preocupada por la violencia que se vive en todo el país, la psicoterapeuta Salgado conformó un equipo de trabajo, para crear la asociación civil SER, Terapia Corporal, Sertec, abarcar a más personas, y ser otro lugar más donde las mujeres y hombres se reconcilien consigo mismxs, a partir de talleres, charlas, grupos terapéuticos y el diplomado, entre otras actividades.

3.4 TERAPIA GRUPAL, APOYO MUTUO ENTRE SOBREVIVIENTES

Por otra parte, Karla Barrios, sexóloga y psicoterapeuta, utiliza la psicoterapia sexual humanista, la corporal, terapia Gestalt y del reencuentro, en conjunto con una visión de género, derechos humanos y educación para la paz.

Señala que el método que utiliza pretende brindar una alternativa para que las personas sobrevivientes construyan desde sus propios recursos, elementos y vivencias mejorar su calidad de vida no sólo a partir de resolver el abuso sexual infantil, ya que como antes lo mencionó se construyen aprendizajes en la infancia, ideologías, valores, acciones que impactan negativamente a la persona y a las sociedades.

La terapia grupal es otra alternativa más para las y los sobrevivientes de abuso sexual infantil; no es la única, cada quien decide como sanar.

En ADIVAC marcan la diferencia para quienes necesitan terapia grupal, y/o individual. Tania Escalante, comenta que manejan más la terapia grupal para quienes sufrieron violencia sexual durante su infancia y/o adolescencia, e individual para las personas que la vivieron recientemente.

Desde el método de ADIVAC, la terapia grupal tiene una duración de dos a tres años para las personas adultas y de un año y medio para las niñas, niños y adolescentes, el modelo responde a una postura ideológica; parte de una aproximación teórica al constructo sobre el que pretende incidir;

responde a una concepción sobre el sujeto, la sociedad y el vínculo de poder que se mantiene entre éstos (visión de género); y se concentra en una problematización teórico práctica, metodológica, estratégica y técnica sobre un problema histórico en particular: la violencia sexual.

En este sentido, el proceso terapéutico para el abordaje de la violencia sexual con personas adultas se rige por cuatro criterios: *a)* Permitir la catarsis, *b)* Dar coherencia y sentido interno a la experiencia, facilitando su integración, *c)* Promover la validación y el reconocimiento social de la experiencia, y *d)* Compartir otras experiencias y modos de afrontar las potencialidades útiles de la persona.

La terapia grupal se da un día a la semana, con duración de 60 a 80 sesiones, cada sesión dura 120 minutos. El modelo de atención tanto grupal e individual, está integrado por cinco etapas y el cierre. Etapa *1)* Presentación y conocimiento, *2)* Apunta a fomentar la confianza; *3)* Busca la afirmación, *4)* Aborda la comunicación y *5)* retoma el proyecto de vida.

A pesar del tiempo de terapia grupal, una vez finalizadas las etapas, las psicoterapeutas recomiendan continuar atención psicológica en otro espacio para abordar otros aspectos que siguen bloqueando en su vida cotidiana y que no lograron tocarse durante el proceso.

Dentro del material de apoyo que utilizan en ADIVAC, se encuentran películas, lecturas, juguetes, almohadones, entre otros.

La psicoterapeuta Cecilia Salgado, también maneja la terapia grupal como herramienta para las mujeres y hombres que vivieron abuso sexual durante su infancia y/o adolescencia. Por el momento sólo atiende a mujeres en terapia grupal, manifiesta que en grupo todas se miran como un espejo y ayuda escuchar otras historias porque entonces piensan "no soy la única", se sienten acompañadas.

Señala que cuando la persona aún no lo habla, es tímida, se recomienda la individual, aunque es importante la grupal; además ésta suele resultar más económica en el Grupo Terapéutico de Mujeres Iztacalco a cargo de Salgado.

Sin duda es diferente la terapia grupal e individual, los elementos son claros, pero las necesidades van cambiando, en la grupal es una especie de espejo entra lxs participantes, genera un proceso más rápido, en compañía. En la individual es respetar el ritmo de lo que la persona puede atender y tomar lo que le resulte significativo y oportuno, así lo analiza la sexóloga Barrios Rodríguez.

En Caleidoscopia, Espacio de Cultura, Terapia y Salud Sexual, se dio un taller vivencial llamado *Grupo de mujeres sobrevivientes de abuso sexual en la infancia y/o adolescencia* ahí se conocieron Laura, ALC, Janet y otras chicas.

ALC, ha tomado varios años ayuda terapéutica y participar en este grupo fue otro paso que deseaba dar:

El trabajo de terapia que he requerido para salir adelante, me ha permitido hacer que funcionen otros aspectos de mi vida, lo he tomado como una excelente herramienta, sé que sin la terapia no hubiera mejorado. A través del coraje, el dolor y el valor he logrado estar aquí.

Lo que puedo rescatar de esta experiencia, es que por ella he atendido muchas otras vivencias que he tenido, lo cual me ha permitido conocerme mejor, comprenderme, perdonarme. En consecuencia, he mejorado mis relaciones personales, así como, empatizar con las personas.

Mi necesidad de bienestar; después los libros han sido un gran recurso que me han llevado por este camino; la terapia me ha dado elementos para funcionar; conocer personas que también son sobrevivientes, con quienes puedo hablar un mismo idioma emocional, me han ayudado mucho. He recibido el apoyo de las terapeutas con que he trabajado, mis compañeras de terapia y mi pareja.

Son mujeres que tienen un mismo idioma emocional, sus experiencias las hicieron llegar hasta aquí, no se derrumban, luchan cada día para reencontrarse y compartir sus vivencias.

Para Mago, otra mujer sobreviviente, el Grupo Terapéutico de Mujeres Iztacalco, al que asiste desde su formación hace 16 años, ha sido un espacio en donde se siente en confianza, libre y en empatía con las otras mujeres que acuden al mismo.

Ella, platica que la primera vez que habló del abuso que sufrió fue en este grupo, ya había acudido a otros, como de Neuróticos, Alcohólicos

Anónimos, porque tenía hermanos alcohólicos, pero fue hasta que encontró a Ana Cecilia Salgado, y se formó el grupo que entonces lo pudo expresar.

La terapeuta me ayudó mucho, yo ya no aguanté, todo lo malinterpretaba, y en terapia fue cuando recibí toda la ayuda. Fue hasta que llegué con Ana Cecilia que me atreví a hablar. No lo platicaba por qué no tenía la confianza, me daba mucha pena, pensaba en lo que iban a decir de mí, me sentía muy culpable, como si yo hubiera provocado lo que me pasó. La primera vez que lo hablé fue a los cuarenta y cuatro años, ya tenía a mis dos hijos. Sentí que me hacía falta hablarlo porque a veces dicen que para qué si ya paso mucho tiempo, y en realidad es tranquilizante contarlo.

Me da más confianza de hablarlo en la terapia o en el grupo, que en otro lado, ya cuando lo había trabajado se lo conté a mis hijos sólo del abuso del extraño, de mi hermano jamás lo platiqué no se ha prestado la ocasión.

Actualmente me siento más fortalecida con la terapia, ya no me siento culpable, aunque todavía me hace falta sacar coraje para hablar la situación con mi hermano, lo trato de justificar. Tengo más coraje con mis papás por la educación tan fea que provoca estás situaciones donde la sexualidad era tabú, todo ocurría bajo el agua, y por qué no se dieron cuenta, se hacían como si no pasará nada, reflexiona.

Brenda, por ahora asiste a ADIVAC, luego de que recordó en septiembre de 2012 otros abusos de dos tíos y un primo, todos ellos familia de su mamá, además del de su padre. El siete de febrero de 2013 inicio su proceso terapéutico grupal que dura tres años.

Actualmente me siento muy sola, la terapia me ha ayudado, por ser el único lugar en donde me tranquilizo y siento empatía; además, hay hombres en la terapia que traen historias muy fuertes igual que nosotras, las mujeres se sacaron de onda fue algo fuerte de saber que el sexo que las dañó estaba cerca. Ha sido muy reconfortante, son siete hombres de quince que somos y no es cuestión de sexos, sino que los hombres lo hablan menos.

El tío más chico me cuidaba cuando mi mamá se iba a trabajar o mi abuelita se iba. Ahorita todo lo tengo a flor de piel, tengo mucho miedo, días de mucha tristeza.

En grupo cada una es un espejo de la otra, aprenden a escuchar, a expresar lo que sienten sin prejuicios, comenta Ana Cecilia Salgado, quien a pesar de ser la terapeuta narra que también ha llorado junto con ellas, pues no cree en esa imagen del psicólogo o psicóloga, fría e indiferente a lo que le platica su paciente. Ella considera que una forma de sanarlo es hablarlo, además de sentir esos lazos de confianza que se generan en un grupo terapéutico.

3.5 ¿A QUIÉN LO HAS CONTADO?

La psicoterapeuta Barrios Rodríguez, señala que de acuerdo a las estadísticas oficiales se calcula que sólo 1 de cada 10 menores víctimas de abuso sexual infantil lo dicen en el momento que ocurre y, en muchas ocasiones, aunque la familia conoce el hecho, no siempre sale a la luz. Esto muestra la gran dificultad para detectar las situaciones de abuso, o para denunciarlas.

Aquí encontramos una paradoja importante, los datos duros, las estadísticas son tan escasas que difícilmente podemos encontrar parámetros que nos permitan revisar de manera concreta y clara la problemática del abuso sexual infantil. Las cifras sobre abuso sexual no son exactas y se puede inferir que son más altas de lo que los datos duros nos muestran.

La familia no lo sabe pero he logrado salir adelante, reflexiona ALC. En realidad no le gusta difundir que vivió abuso sexual en su infancia, pero cuando cree que puede servir para algo, lo hace. "No lo hablé, siempre he desconfiado en decirlo a personas que no están involucradas con el tema, con excepción de mi actual pareja," comenta.

Por desgracia aunque socialmente se piensa que la familia es el espacio de mayor seguridad para niñas y niños, es paradójicamente el espacio de mayor vulnerabilidad por tener que depender de lxs adultxs, y éstxs educan a lxs infantes desde una relación fundada en la autoridad, al sentimiento de propiedad, obediencia, siendo el lugar donde más se violenta a lxs menores.

Brenda lo habló después de que su madre murió, con una prima que es como su hermana, sentía mucha repulsión al ver a su padre, sus primas no lo sabían y la cuestionaban, por eso lo dijo, pero a partir de ahí, no se volvió a hablar del tema.

En mi último año de universidad mi mamá muere, en su trabajo me dieron un finiquito, y compré un coche. Un día mi padre me pidió los papeles del carro, por no sentirme mal de rechazarlo ya que es alcohólico y recordar el deseo de mi madre de llevarme bien con él, accedí, luego no quería regresármelos, me sentí muy impotente.

Sobre el abuso de mi papá, se lo platiqué a mi actual pareja con quien llevo ocho años, lo pudo entender, fue muy solidario, siempre estuvo cerca de mí. De los dos nuevos abusos, me dijo que si estaba segura, que tal vez no pasó, que me lo imaginaba, me dolió porque no me creía, sentí una tristeza infinita. Me desenganche rápido porque sé que es difícil para él, no puede con eso, tuve un conflicto muy fuerte en cuestión de relaciones sexuales.

Casi al principio que lo recordé le conté a mi mejor amigo de la universidad, a él también le pasó con una mujer mayor cuando era niño, sintió culpa porque le gustaba y no sabía que lo que vivió era un abuso sexual.

Resulta difícil para las y los sobrevivientes contar su vivencia porque se sienten avergonzadxs como ya anteriormente se explicó. Recién llegan los recuerdos hay una necesidad muy fuerte de contarlos, comenta, Brenda.

Siento una gran necesidad de hablarlo, pero me doy cuenta que la gente no está preparada para escuchar estos temas, de un grupo de diez, siete puede que hayan vivido abuso, entonces no quieren hablar, mi prima, cerró la conversación diciendo vámonos, porque estábamos en un lugar público.

Con mi familia jamás lo he platicado, la más cercana que tengo, son los hermanos de mi mamá. Tengo una tía, que no le quise decir porque ella también está recordando apenas su infancia y de que probablemente ella vivió abuso. Con otra prima le dije que recordaba otros dos nuevos abusos pero jamás que se trataba de mis tíos.

Me siento como si tuviera que callarlo porque la gente no está lista para escucharte. El amigo de la universidad fue quien más me escuchó, ahora está en Chiapas, está lejos y no tengo dinero para ir. Mi pareja es quien más me ha apoyado. Otro amigo que se fue a Japón, y otra amiga que es más empática. Con mi suegra, me dolió mucho porque dijo: "tu cuándo vas a soltar lo de los abusos, ya suéltalos", *¡como si solo fuese desabrochar un cinturón!* o ponerte un suéter y si te estorba te lo quitas. La gente no entiende que no es tan fácil y que hay una necesidad de expresar los recuerdos.

Laura sobreviviente de Abuso Sexual Infantil, sí contó el abuso de su hermano con su familia, recuerda:

Toque el tema del abuso en casa cuando tenía 19 años, estuve como seis meses en terapia, lo hice delante de mis padres y mis hermanas; ese destape lo utilizó con mis sobrinos, no tanto para que crucifiquen al tío y me victimicen a mí, sino como un plan en buena onda de que se cuiden, de que sepan lo que ocurre y se protejan.

Ella platica que lo dijo cuando estaban sentados en la mesa, un poco alcoholizada y no aguanto tanta hipocresía, quizás no fue la mejor manera de decirlo, reflexiona, pero sentía una necesidad de gritarlo.

En el momento, le dijeron que se callara que estaba borracha, que no inventara cosas, ya después pasados unos días, lo volvió a decir sobria.

Mi papá fue un hombre ausente, siempre estuvo muy alejado de la familia, se enojó con mi hermano y ya, mi madre fue a mi cuarto y me preguntó: ¿qué hago entonces?, ¿lo corro o qué?, sin embargo ahora vive con él, fue una reacción pasiva por parte de mis hermanas, las sentía con mucha solidaridad.

En ocasiones, lo que le afecta a Laura es observar que su mamá no hizo nada, al contrario, el abusador sigue viviendo con ella. Cuando Laura va a visitar a su madre encuentra a su agresor, busca no engancharse de nuevo; por ello acude a terapia.

Para Janet, también fue difícil, primero aceptar lo que le ocurrió y luego contarlo a su familia. Después de su primer recuerdo acudió con una psicóloga que después le recomendó buscar otro lugar en donde abordaran el tema de abuso.

Primero lo contó a sus hermanas, quienes aunque incrédulas, le creyeron, al cabo de unos meses confrontó a su hermano, quien por supuesto lo negó, ella se sintió frustrada, derrotada e insegura, entonces se lo dijo a su madre. "Ella me preguntó ¿qué hago?, ¿lo corro?, ¿por qué lo dices hasta ahora?, no digas mentiras, ¿estás segura?, te gusto por eso no dijiste nada, ahora ya para qué," recuerda Janet.

En el caso de Ana Cecilia, ella tampoco lo platicó en familia, fue hasta la terapia y su formación como psicoterapeuta, luego con una hermana y fue todo, creía necesario hablarlo pero sentía culpa, ya trabajado ahora lo platica a sus pacientes para que sientan que no están solas y no son las únicas.

Es muy probable que no lo hablen por el impacto que causa la violencia sexual. José Manuel Hernández, integrante de Caleidoscopia, narra que cuando a las personas las asaltan, quedan con miedo, y tardan en contarlo, o lo dicen pero no es algo que cuenten todo el tiempo, piensan que les volverá a ocurrir, viven temerosas por un tiempo, en espera de otro posible asalto, ahí se identifica la violencia física, porque quien asalta puede llegar con una arma o navaja.

Lo mismo sucede con las y los sobrevivientes de violencia sexual sólo que no es tan visible el hecho, pero cuando lo hablan las personas no están preparadas para decir o hacer algo, experimentan la misma angustia, incredulidad, nervios, temor de saber que con quién han convivido puede hacer tal daño, esto en el caso de cuando el agresor es de la familia.

El psicoterapeuta sexual, explica que por esta razón muchxs sobrevivientes no lo hablan hasta pasado mucho tiempo, experimentan más seguridad en sí mismxs y no se sienten indefensxs ante el recuerdo de la vivencia.

Además de una necesidad de contar su experiencia, las y los sobrevivientes experimentan otros sentimientos contra su agresor, sobre todo si se trata de algún familiar o cercano a ellxs, hay miedo, enojo, rencor, tristeza, dolor, ganas de matarlo, entre otras emociones confusas entre el amor y el odio.

3.6 UN DÍA DIFÍCIL EN TERAPIA, ENFRENTAN AL AGRESOR

Durante el proceso terapéutico en el taller de mujeres sobrevivientes de abuso sexual infantil en Caleidoscopia, de manera simbólica enfrentan al agresor, para quitarse el miedo que le tienen, y así romper el silencio y la cadena que muchas sobrevivientes sienten de estar atadas a él o ella.

Es viernes, la lluvia apenas empieza, poco a poco llegan las integrantes del grupo. Las chelas se reparten en los bares, lxs jóvenes buscan desestresarse de la escuela o el trabajo, lxs novixs van al cine.

Los carros atraviesan Calzada de Tlalpan, sobre la calle de Pirineos hacen base los camiones, ¡súbale, súbale! Los pasos apresurados de ALC, pisan un charco tras la lluvia, insulta a la nada. Miradas se entrelazan tras el ¡pip pip! de los carros.

Por la otra acera de la banqueta de la misma calle Pirineos, cerca del metro Ermita, con mochila en hombros aparece Laura, toca el timbre del zaguán azul de la asociación civil Caleidoscopia, abren de manera eléctrica, el viento se esfuma al cerrar la puerta y entra Laura acompañada de ALC.

En sesión, lxs terapeutas piden que en posición de arraigo; es decir, con las rodillas un poco flexionadas, los pies abiertos a la altura de los hombros, se remonten a cuando eran niñas, se observen, recreen una imagen de su abusador lo miren y griten NO QUIERO, NO QUIERO, fuerte, sacando toda la rabia que sintió esa niña pequeña.

Con un fuerte llanto, Luisa una joven de 21 años de edad, quien vivió abuso por más de ocho años, va al baño, llora, es tan duro recordar que fue violada hasta la etapa adolescente por su padrastro y los amigos de éste, que prefiere no recordar esos tiempos.

Laura se muestra más tranquila, pues luego de diecisiete años de estar en terapia puede realizar con más valentía las dinámicas que se presentan en el grupo terapéutico.

Janet se desvanece, tiene mucho calor, también surge el llanto, se siente cansada pues ha dado una gran batalla a la sombra de sus abusadores.

ALC, grita, golpea y luego se sienta en el piso, también años de terapia la han hecho ser más resistente a estás dinámicas, aunque aún le causa dolor el no recordar muy bien que fue lo que sucedió.

Lxs terapeutas auxilian a las más afectadas por la dinámica, explican que es un avance pues han podido enfrentar al agresor.

Luego piden a las mujeres que cierren los ojos y vean de nuevo a esa niña, ¿qué les dice?, ¿qué siente? Con llanto, Janet explica que no quiere a la niña, que le echa la culpa de lo sucedido, por qué no se pudo defender, luego llora cuando recuerda que esa misma pequeña todas las noches pedía crecer, para poder huir de esa familia, de ese lugar donde tanto daño le hicieron. Ahora, se lamenta porque a pesar de ser adulta se sigue sintiendo indefensa sin saber cómo ayudarla ni ayudarse mutuamente.

En el cuarto con almohadones y una gran alfombra azul, las mujeres dan cierre a esta sesión con palabras cortas, cada una dice lo que se lleva, lo que descubrió y cómo se siente. Se dan tareas para agradecerse por estar ahí, como por ejemplo; regalarse algo para cada uno de sus sentidos, respirar de manera profunda, entre otras.

Hasta el próximo viernes volverán a trabajar el abuso sexual; cada una a su tiempo y a su ritmo, sin presiones, sin auto exigencias, cuidando cada una de sí, ahora adultas, aunque resulta una tarea difícil para la mayoría.

Al salir de la terapia, las mujeres vuelven a su hogar a cuidar a sus hijxs, o nietxs, otras, deciden disfrutar de sí mismas, sin relación, todas se van a continuar con sus actividades cotidianas.

Tras estar en proceso terapéutico, las mujeres entrevistadas pueden hablar sobre su o sus agresores ya que lo han trabajado en terapia, todas concuerdan en que al principio, no querían hablar de él, deseaban verlo muerto, sentían mucho odio pero también miedo, ni siquiera podían denunciar quién es o fue.

Es importante recordar que la mayoría de lxs agresores son familiares o personas cercanas a las víctimas, por lo que ellas experimentan entre odio y compasión, coraje y cariño al mismo tiempo; a veces es difícil romper con estas yuxtaposiciones, lxs sobrevivientes deben dar prioridad a la emoción más fuerte y estar tranquilxs.

Todavía a ALC le cuesta confesar quién fue su agresor, lo único que dice es que ya está muerto, y considera que existe toda una cadena de agresores que van en aumento, y aún no se trabaja con ellos, los mira como gente que tiene preferencias a la pedofilia y sexo con violencia. "Me causa repulsión, asco, y enojo. Actualmente nada puedo hacer, está muerto. Sin embargo, no lo quiero traer en mi pensamiento y que contaminé mi presente como lo ha hecho por tanto tiempo."

Ante la pregunta de si creía que tenía que ser castigado, ALC respondió: "En mi caso ya no puede aplicarse un castigo. Tal vez en algún momento fue víctima, lo cual no es excusa para ser victimario. No necesitamos información para saber si algún acto está mal, es instintivo. Deberían aplicarse penas severas y dar atención clínica obligatoria".

Para Brenda ha sido difícil enfrentar a sus agresores, lo ha hecho en terapia, pero en persona aún le cuesta trabajo, de repente sigue viendo a su padre, cada seis meses, ahora ya lleva más de dos años sin verlo, se da cuenta que tiene derecho de no verlo, su padre le resulta indiferente, pero por quedarse con la creencia de su madre de que sería mala hija si no veía por él, se siente atada. Con sus tíos y su primo, le es más difícil denunciar, a ellos los frecuenta más, convivió desde su infancia y les tiene afecto.

A mi padre no lo quise enfrentar, porque lo va a negar y me va a doler muchísimo, lo que he hecho es no verlo hasta que yo quiera, tengo todo el derecho de hacerlo. Quiero mucho a mis tíos, los amo, es como tener dobles emociones, mucho enojo, luego amor. Ahora veo la situación de cómo vivían ellos y porqué lo hicieron, a la mejor es una forma de bloquearlo. Me cuesta más trabajo enojarme.

Creo que a los agresores en general, más que castigarlos y llevarlos a la cárcel (que no serviría de nada en la cárcel de México por la corrupción que impera), se debe apoyarlos psicológicamente, llevarlos a rehabilitación, la única forma de que no se siga repitiendo, es que la gente sane emocionalmente, no creo que los abusos ocurran por un simple acto de maldad sino que se trata de gente enferma. Las víctimas de abuso sexual deberían trabajarlo, sanarlo, porque si tuvieran hijos sería más difícil que se repita la historia, porque si no lo atiendo mando mensajes implícitos, los hijos se vuelven machos, abusadores, y la historia se repite. Si los abusadores no aceptan lo que hicieron y no quieren el apoyo sí alejarlos.

Mago es una más de las mujeres valientes que quiso contar su historia. Lleva dieciséis años de terapia, aún le cuesta trabajo no tener miedo y desconfianza; ahora con dos hijos y una hija el miedo brota en su interior, teme que hayan podido vivir abuso, o no lograra educarlxs bien.

Sin embargo, ella opina que el abusador también es una víctima, recuerda que antes de tomar terapia:

> Quería matar a los que abusaron de mí, pero gracias a que en la terapia los he matado, golpeado e insultado de manera simbólica, ya no me dan ganas de hacerlo en la

realidad. No es la solución matarlos, mejor canalizarlos a una clínica de salud mental, porque si los matas, siguen otros diez afuera y no sirve de nada.

El abusador también es una víctima más de la vida, mejor darle educación de salud sexual, necesita una institución que lo atienda, le de terapia, algo así como un centro de salud mental en donde realmente lo ayuden. Por ejemplo, a los violadores que meten a la cárcel adentro los violan para que disque paguen lo que hicieron, pero es hacer lo mismo, no solucionan nada, salen peor y no es lo recomendable.

Desgraciadamente, esas personas siguen abusando de otros niños, por eso es importante hacer una ley, y denunciarlo. Sería magnífico que los reclutaran en algún centro de salud para que les ayuden o si no tienen solución, pues entonces cárcel perpetua.

No se me olvida el aspecto del hombre que abuso de mí, lo llevo presente, recuerdo su físico, su figura, antes me causaba mucho asco y ganas de vomitar, ahora ya me es indiferente; tampoco es algo así como olvidarlo de la noche a la mañana; lo maté muchas veces simbólicamente golpeándolo en terapia, ya no lo he visto nunca más, jamás supe su nombre, ni donde vivía, nada, supongo que ya está muerto porque era un hombre ya viejo.

En relación con mi hermano, siento coraje, no tanto con él, sino con la pinche educación que nos dieron, toda la experiencia que se vive en familia, porque seguro también él fue abusado, toda la porquería es lo que me da coraje.

La psicoterapeuta Cecilia Salgado, considera que se tendría que castigar a los agresores de forma que las y los abusadxs sintieran que se hace justicia.

Me parece que la sociedad tendría que castigar a los agresores de una forma que las abusadas pudieran sentir que eso las reivindica o les da la posibilidad de saber que hay justicia, pero esto no existe en nuestro país, sería como una utopía a la que tendríamos que aspirar. Si los propios familiares no pueden entender a una mujer violada, abusada y la culpan a ella, eso es machismo, entonces desde ahí hay un gran problema.

Si el abusador está dispuesto a trabajar, claro que se puede rehabilitar, no conozco ningún caso, considero que la ley no hace los estudios pertinentes. Cuando no entendía mi problema quería que castraran a todos los violadores, me parece que la violencia no se resuelve con violencia. Si voy desde mi coraje te diría que castren a todos, pero si voy desde mi conciencia -y aunque tengo mucha rabia con aquéllos que abusan de los menores- creo que reeducar, replantear, reconsiderar la vida podría ser algo distinto. Estoy segura que si a mí me tocará trabajar con alguien que abusa, me costaría trabajo de inicio, pero sí creo en el cambio de la persona, y llega con la intención de cambiar, de reivindicarse, se podría.

Por supuesto es un problema de política pública, encarcelar se queda en nada. Las cárceles deberían ser centros de reeducación pero lo que sucede adentro es terrorífico, hay corrupción. No sé qué es peor, si la corrupción o las causas por lo que están ahí los delincuentes; es terrible, es abusar de la miseria humana en lugar de modificarla, de darle elementos distintos a la sociedad para evitar esto, pero es un sueño, lo veo tan lejos.

Sin embargo creo que hay que tener fe y esperanza, se habla más de otros temas, como el cáncer en los niños, pero sobre el tema de abuso sexual no hay nada más que encarcelar a la gente, no hay un reconsiderar o buscar otras opciones, o atacar de fondo el problema.

Para Laura, es difícil hablar del abusador, es su hermano, lo ve todavía cuando va a visitar a su madre, le ha llevado más de diez años de terapia para dejar de sentir tanto odio hacia él. Al principio platica quería matarlo, verlo sufrir, vengarse, pero luego comprendió que no ganaba nada y se desgastaba más.

Lo mejor era poder disfrutar su vida, sin que él ocupara sus pensamientos en el presente, ya bastante daño le ocasionó en su niñez y adolescencia y no podía continuar cargándolo. Entonces, ahora lo mira desde otra perspectiva tras reflexionar en terapia, no se preocupa por su vida, comprende que sufre, es una persona de más de cuarenta años, incapaz de valerse por sí mismo, vive aún con su madre, cada que la ve agacha la mirada, es dependiente del alcohol; con todo eso, Laura piensa que no es importante que esté en la cárcel, lo ve como a alguien que no pudo lograr nada.

Platica que en más de una ocasión le ha tocado sentarse a la mesa con él, y siente compasión y lástima. A veces los brotes de enojo le vuelven a surgir al ver cómo su mamá le da prioridad, pero luego lo trabaja en terapia y continúa con su vida, cree que la forma de pagar por el abuso que cometió es verlo como está en el presente.

Además, desde el principio de la entrevista, dijo que quien abusó de ella es hijo de mamá, jamás le quiso llamar hermano, pues no lo es alguien que la lastima, no la cuida y abusa.

A Janet, todavía le cuesta hablar de sus agresores, aún no saca el enojo contenido contra su padre ya muerto, lo considera innecesario porque ya no está; a su hermana la mira poco, y ésta le dijo que no se acordaba pero le pedía una disculpa; entonces Janet trata de no pensar tanto en ellxs, quien le preocupa más es su hermano, aunque ella tampoco le quiere decir así, ese hombre, el hijo de mamá, o José.

Narra sus emociones yuxtapuestas, pues antes de recordar el abuso era su hermano preferido, lo compadecía por su pobre infancia llena de maltrato; aunque él la agredió verbalmente aún ya de adulta, Janet, lo cuidaba, lo defendía ante su mamá cuando llegaba alcoholizado y peleaban y quería irse de la casa, sentía compasión, le solapaba su alcoholismo, lo miraba con ternura, justificaba su agresión y violencia, todo ello, sin verse a sí misma.

Ahora, luego de recordar el abuso, sentía mucho odio hacia él, por vivir engañada, tenía ganas de matarlo, pensaba que no podían estar lxs dos vivxs, algunx tendría que morir, quería golpearlo. Le brindó toda su confianza, lo defendía, y cómo le pudo hacer algo así, no merecía más que la muerte.

Janet, todavía está trabajando sobre ello, cree que la cárcel no es la mejor opción para que pague, es tan grande su desilusión, su entrega de amor violentado, humillado, cómo el hombre que quería tanto y defendía pudo abusar de ella, le robó su infancia, su inocencia, se burló de ella ya de adulta.

En terapia, lo ha matado pocas veces, pero considera que no es suficiente, quiere soltarlo pero aún se siente atada a él, ahora recuerda con tanta claridad el abuso, él le decía que era especial y sólo suya. Estos pensamientos inundan su alma e impiden que la cicatriz sane, pues aún de adulta en ocasiones lo cree y eso la ata a él de nuevo.

Le sigue dando su fuerza, su bienestar, ante él se sigue viendo pequeña, indefensa, burlada, es un largo proceso que aún tiene que recorrer, lo sabe. Observa a sus otras compañeras y siente orgullo de ver cómo han podido soltar a su agresor, soltarlo significa no permitir que afecte su vida actual, dejar de cargarlo en el presente; soltarlo es no pensar en lo que hace, o buscar la manera de castigarlo; verse a sí misma, cuidarse, amarse, fortalecerse y dejar de pensar en que él tiene su fuerza, no es verdad, sólo ella la tiene.

Aún le falta recorrer un tramo del camino, pero ya está en él y no hay vuelta atrás.

El psicoterapeuta sexual Tzompantzi Miguel opina que la cárcel no es la opción para lxs agresorxs porque realmente quienes están en ella son gente inocente y pobre, pero cree que se debe hacer justicia. Él habla de otro tipo de justicia en donde lxs sobrevivientxs puedan transformar la vivencia.

> Aprender a transformar mi vivencia. Pasó, me marcó, fue muy violento, no decidí que me pasara, pero ahora sí decido qué quiero hacer con lo que me pasó, y mejorar con uno mismo, en lo personal; pienso que es una forma de justicia en ti, para ti. Una decisión que toman las y

los sobrevivientes es alejarse del agresor aunque son juzgadas por la familia, pero su forma de hacerse justicias a sí mismas es decir no quiero convivir.

Otra forma de justicia es hablar, perdonarse a sí mismas no al agresor. El perdón es una idea judeocristiana de pedir el don de la palabra, quienes lo pedían eran las mujeres para poder hablar, entonces no se trata de perdonarlo, sino a una misma, tener la palabra para denunciar.

Si el agresor busca resarcir el daño, no sólo se trata de verbalizarlo sino de resarcir el daño con acciones, pues en un evento de violencia lo que se pierde es la confianza [analiza con mucha claridad Tzompantzi Miguel].

Con respecto a los abusadores, el psicoterapeuta sexual Manuel Hernández, explica que deben comprometerse y responsabilizarse por la violencia sexual que cometieron hacia otra persona, lo cual daría como consecuencia tomar acciones entre las que estarían: pedir una disculpa, dar dinero, alejarse de su vida, denunciar públicamente, la denuncia social, porque considera que es importante visualizar a un hombre que ha ejercido violencia sexual, es alcohólico y violento. Cada que se denuncia, los abusadores se sienten observados por la sociedad y puede que cambien sus acciones.

Manifiesta que todas y todos somos responsables de evitar que se ejerza violencia sexual, "es una situación que nos involucra a todxs, no significa hacerme cargo de él, no me involucra a mí en la situación que él tenga que resolver, estoy hablando a nivel social porque la situación de violencia también me lleva a cuidarme a mí".

El psicoterapeuta Manuel Hernández, al igual que Cecilia Salgado, considera que la cárcel no es la respuesta, es mejor brindar atención a aquellas personas abusadoras, educarlas sobre equidad de género y sexualidad, así como también a la sociedad en general. "No hay una sola manera de abordarlo, no necesariamente la única solución es tomar terapia, se necesitaría hacer una investigación para ver cómo podemos abordar a esas personas que ejercen violencia, algunos si buscan atención psicológica, también funciona la denuncia social sobre el hecho".

3.7 Cruzar una cueva oscura con herramientas para sobrevivir

Las mujeres y hombres sobrevivientes de Abuso Sexual Infantil de alguna manera en el transcurso de sus vidas han encontrado recursos y herramientas para sobrevivir, no necesariamente con terapia, lo han resuelto a su manera.

El psicoterapeuta sexual Claudio Tzompantzi da un ejemplo muy claro, es como si tuvieras que atravesar por una cueva muy oscura, no encuentras la manera de cruzar, decides ir a tientas, llegas al otro lado, pero con varias raspaduras.

Quizás alguien más encuentra una lámpara, y con ella pasa mejor, también fue lentx para observar la cueva. Así sucede con las y los sobrevivientes de abuso sexual infantil, han vivido la experiencia, no saben cómo pero cruzan del otro lado.

Las y los psicoterapeutas podrían ser la lámpara, te ayudan a mirar varias situaciones que tal vez no observaste a tu paso, pero son sólo una herramienta más, unxs escuchas, al final quien cruza el camino es cada unx, a su manera y a su tiempo.

Brenda, sobreviviente de Abuso Sexual Infantil, considera importante la difusión de esta problemática como parte de la denuncia social, no queda de otra, pues no pretende ella, ni las otras mujeres matar al agresor, lo hacen de forma simbólica, hablarlo como forma de denuncia es posible.

Tomar terapia le ha ayudado a reflexionar sobre los recursos que tuvo de niña para sobrevivir a tal experiencia traumática. Recuerda que cuando su papá la regresaba a casa después de haberla violado, ella daba vueltas con los brazos extendidos por el patio, era una forma de liberarse de la tristeza y el abuso, manifiesta que mientras estaba recostada en el colchón, cerraba los ojos y pensaba pronto pasara, pronto, y se bloqueaba a sí misma, para no sentir.

ALC, aún no visualiza los recursos que tuvo, quizás fue olvidarlo, sacarlo de sus recuerdos para que pudiera sobrevivir. Ahora luego de tomar terapia reflexiona:

> Tengo una mejor calidad de vida, pero lo cierto es que aún hay algo en mí que no me permite concluir este trabajo. El evento repercutió en todo, muchas actitudes son secuelas del abuso que viví en la infancia, así lo siento y lo sé porque me veo antes y después del abuso.

A Janet, también se le complica visualizar los recursos que obtuvo para poder ahora contar su historia, se recuerda triste, temerosa, insegura, aunque alguna herramienta que utilizó fue trabajar desde los quince años, estar el menor tiempo posible en casa, inventar otra historia fuera del hogar, jamás les compartió su vivencia a las pocas amigas que tenía, porque lo olvido.

También recuerda las celebraciones, en donde sus padres y hermanxs hacían como si fueran la familia feliz, su madre se enojaba menos, sus hermanas reían y no la molestaban, eso le gustaba mucho.

Con cuatro hermanas y tres hermanos, Mago era la chica de las mujeres y la penúltima de todxs, su papá era de Veracruz y su mamá de Acapulco. Ella cree que le ayudó también trabajar desde pequeña y alejarse de su familia, pues considera:

> Fue tan fuerte el trauma que viví que mi mente lo bloqueo, toda la adolescencia como que estaba bloqueada, independientemente de la educación de los padres, también este hecho me hizo muy tímida, muy desconfiada, con mucho miedo viví siempre y no recordaba por qué, a pesar de la educación muy castrante, también el abuso me llevó a tener este miedo.

A las mujeres entrevistadas que vivieron abuso sexual infantil aún se les complica encontrar el para qué les sucedió esta experiencia; con el trauma que sufrieron no ven algo positivo, pero a través de la terapia han logrado encontrar las herramientas de vida y tal vez una respuesta no al por qué, sino al para qué.

Mientras las mujeres y hombres adultxs que recuerden abusos sexuales sufridos durante su infancia y/o adolescencia se pregunten por qué, se siguen considerando víctimas. La psicoterapeuta y sexóloga, Karla Barrios propone no cuestionar el por qué, resulta ambiguo, y es de difícil respuesta, transporta al dolor del pasado. En el presente es mejor responder el para qué me sucedió, encontrarle un sentido a su vida y enfrentarse a sus actuales vivencias en búsqueda de la sanación.

IV

UN NUEVO COMIENZO. NUNCA ES TARDE PARA HABLAR

> Tocaron mi cuerpo, pero la esencia es mía y es la
> que trato de rescatar cada día:
>
> MAGO, sobreviviente de Abuso Sexual Infantil

Las mujeres sobrevivientes de Abuso Sexual Infantil tratan de encontrar la respuesta a la pregunta: para qué les sucedió está experiencia de violencia sexual; por ejemplo, Laura se da cuenta que desde hace ya varios años es independiente, tiene su pareja, maduró más rápido, ha logrado cosas que a la mejor estando en su casa no las hubiera hecho.

Me llevó más de 17 años de terapia entender para qué, me doy cuenta que me sirvió para fortalecerme, para tener fuerza emocional, espiritual, e inclusive económica, aunque sí es una vivencia muy fuerte. He asistido a un buen de terapias, de yoga, sanación, Gestalt-Humanista, conductiva, de lo que me ha llegado.

La primera vez que estoy en terapia y me preguntan ¿para qué me sirvió vivir esta experiencia? pensé: ¡pinche vieja! ¿cómo para qué? y salí corriendo del lugar, ahora estoy agradecida por todo lo que he vivenciado, en varias sesiones muchas veces salía corriendo, enojada, porque ya diecisiete años de terapia es muy difícil, piensas que nunca terminará pero te va sirviendo mucho.

Ahora ya le doy un cierre al tema del abuso, pero convivir con el abusador y el hecho de que mi mamá no lo quiera aceptar todavía es lo que trabajo hoy en día, lo más positivo fue hacerme independiente, la forma en qué pienso y vivo, el hecho de que ya no me violento a través de las drogas y/o el alcohol.

Mago se siente bien, a veces le asalta de nuevo el miedo y la desconfianza, supone que es normal por preocuparse por sus hijos pero ya no lo vive como antes.

Me sirvió la experiencia para saber que tocaron mi cuerpo, abusaron de mí, pero la esencia es mía y es la que trato de rescatar cada día en terapia; en el aspecto del abuso sé que soy sobreviviente, que yo no tuve la culpa, que lo hizo gente enferma. Sí, abusaron, pero ahora estoy conmigo misma ya no tengo fantasmas de por qué me pasó a mí, a la mejor para ser más fuerte y aprender a cuidar a mis hijos porque tal vez si no me hubiera pasado no estaría al pendiente de este tema, pensaría que eso no pasa; por eso recomiendo a la gente que se entere que sí suceden estas cosas y siempre esté al pendiente de sus hijos.

Ya no lo vivo tanto con miedo, sigo siendo muy desconfiada; por ejemplo, a mi hija dejarla en manos de extraños, jamás, sigo con la desconfianza, solamente cuando sé que la persona es muy sana mentalmente. En otros temas puedo llegar a confiar pero en este tema de la sexualidad no.

Todavía voy a terapia, creo que el tiempo de ir depende de cada quien, según como se les haga fácil salir, ya superé el tema del abuso pero la desconfianza estará conmigo siempre.

Ante la pregunta de para qué, Ana Salgado responde para salir victoriosa, poder ayudarse a sí misma y ahora a otras mujeres y, entonces, relata una experiencia que vivió donde entendió el para qué, y le ayudó a seguir trabajando el tema del abuso sexual en su infancia, pero ahora ya no sola, sino con muchas otras féminas a quienes les compartía su experiencia.

Cuando el abuso lo tomas como una oportunidad de crecimiento, aprendizaje, de que esto no suceda más, o de acompañar a quien le sucede, le das la vuelta al problema, entonces te potencializas para hacer cosas mejores, para mí ha sido una oportunidad.

Ahora que lo entiendo de otra manera puedo decir no qué bueno que me pasó, sino qué bueno que le pude dar la vuelta y me coloqué frente al problema no como víctima sino como alguien victoriosa, eso para mí fue maravilloso.

Cuando trabajaba en el Centro Integral de Apoyo a la Mujer del gobierno del Distrito Federal, como jefa del Departamento de Desarrollo Personal y Colectivo, dando terapia grupal, pedí la delegación Cuauhtémoc, pero se abrió primero un centro en Iztacalco, me convencieron de irme para allá.

En los talleres que comencé a dar asistieron en su mayoría mujeres violadas y abusadas, me llegó todo a mí como un espejo, me cuestione qué hacía trabajando con la violación y el abuso sexual, entonces me cae el veinte, la persona que abusó de mí vivía en la delegación Iztacalco.

Cuando descubro esto, me doy cuenta que mi misión en la vida es quedarme ahí, es resolver mi bronca y seguir acompañando a las mujeres [platica animada Cecilia Salgado].

A Brenda, mujer en proceso terapéutico le cuesta identificar el para qué, pero estudiar danzaterapia le ha servido como herramienta para enfrentar los abusos por parte de sus tíos, que recientemente recordó.

Me sirvió para hacerme muy independiente, fuerte, perceptiva, me hice más sensible a lo que ocurría y creo que fue por el abuso sexual; no sé si hay un para qué, sería para ser mejor persona, me parece algo patético que tenga que ser así. Veía que el por qué no me daría una respuesta. Creó que ser terapeuta me ayuda mucho, entiendo mejor cómo se puede sentir alguien tras vivir algo así, me sirvió para ser más empática con los niños y las niñas que lo han vivido.

ALC, de estatura baja, muy delgada, tez blanca, con rostro fuerte, no entiende un para qué, pero se visualiza más fuerte e independiente.

No considero que esta experiencia violenta tenga un para qué. Me siento tranquila he trabajado para ello. La vida tiene sus altibajos, no creo que me pasé sólo a mí por ser sobreviviente. Ahora quiero soltar el tema del abuso, dejarlo ir, seguir con mi vida, no quiero estar atada y sentir que traigo arrastrando un sable que me hace la vida difícil.

Janet, lleva menos tiempo en terapia, apenas tres años; piensa que ya es demasiado, a veces quiere olvidarse y dejar todo, se desespera mucho, se frustra cuando cree que el abuso la persigue y sigue cargando a su agresor. Un para qué, le resulta difícil de responder, ahora con voz entusiasmada expresa:

> Me ha ayudado para conocer a otras mujeres valientes, que a pesar de sus años quieren crecer emocionalmente, a veces vuelvo a caer en la victimización, y me pregunto más el por qué, al no encontrar respuesta trato de responder el para qué, para ser más fuerte, independiente, ayudar a otras mujeres, para mirarme a mí misma, sentirme merecedora de la felicidad, identificar mis emociones, recordar que soy valiosa. Aún estoy joven y quiero hacer muchas cosas, no quiero estar atada al abuso, mejor actuar en algo, construir relaciones más sanas, ser libre.

Ellen Bass y Laura Devis en su libro *El coraje de sanar. Guía para las mujeres supervivientes de abusos sexuales en la infancia,* explican que la solución llega cuando los sentimientos y perspectivas comienzan a estabilizarse. La montaña rusa de las emociones se allana. Ya no se duda de lo que ocurrió. Se ve que la vida es algo más que una reacción al abuso.

Además continúan:

> Las supervivientes suelen quejarse de lo mucho que se tardan en curar, pero hay una especie de identidad en la superviviente de abuso sexual comprometida en su curación. Esa identidad ha estado estrechamente ligada a la supervivencia y puede ser difícil renunciar a ella.

Una mujer u hombre que vivió experiencias de abusos sexuales en su infancia, pueden pasar varios años en terapia y no lxs hacen peores personas, simplemente lo mencionan las propias sobrevivientes, cada quien a su tiempo y su ritmo; saben que es una batalla difícil, algunas veces dejan la terapia y continúan con sus vidas; sin embargo al cabo de un tiempo vuelven a necesitarla, solamente en su interior sabrán cuando se encuentren listas o listos de disfrutar el presente, volver a nacer y construir una nueva forma de vida, tal como ellas y ellos la deseen.

Un paso importante para tal acción es la integración al presente, a las actividades que les gustan, Laura Devis y Ellen Bass, explican: "Seguir adelante haciendo otra cosa es sinónimo de integración. Una se ve a sí misma entera, completa, no compartimentada: el cuerpo, la sexualidad, los sentimientos y el intelecto son partes comunicadas de un todo. Se comienzan a aceptar los lugares grises y borrosos que nos convierten en seres humanos".

4.1 DENUNCIA SOCIAL PARA DESTAPAR AGRESORES DE ABUSO SEXUAL INFANTIL

Para el psicoterapeuta José Manuel Hernández, como lxs otxs especialistas entrevistadxs la denuncia social es un paso para contrarrestar el problema de Abuso Sexual Infantil aunque en lo legal no se pueda hacer nada. "Mientras más se hable del tema, se podría hacer algo al respecto, porque ahora parecen invisibles ante la sociedad, aunque muchxs han vivido abuso sexual infantil o algún otro tipo de violencia".

En el libro *El coraje de sanar*, Ellen y Laura Devis, proponen la denuncia social, contar la historia, hablarlo en la familia, tomar medidas en relación con el abuso; por ejemplo, si aún se vive con el abusador, salirse de casa, buscar otras alternativas para sentir que hay de algún modo justicia, sin lastimarse a sí mismas.

Las mujeres que dieron su testimonio para este trabajo consideran que antes que cualquier cosa, está la denuncia social, que su voz no quede silenciada, y además pueda servir para que otras y otros decidan hablar o buscar apoyo.

Una de las barreras que encuentran las y los sobrevivientes para hablar sobre el abuso sexual sufrido en la infancia es no creer en sus propios recuerdos, porque no son coherentes, no entienden cómo los olvidaron, les resulta una desagradable pesadilla. Otro de los impedimentos para denunciar es cuando el agresor es parte del círculo familiar.

Con voz exaltada, molesta, un poco triste, Luisa, otra mujer sobreviviente de Abuso Sexual Infantil, narra que lo contó a su madre, pero no le creyó que su pareja abusara de ella, le dijo que estaba loca, que se lo quería quitar. Luisa insistió en decirle que su padrastro desde los siete años la violaba. Él le pidió a su madre que decidiera entre ella y él, su mamá lo eligió a él y envió a Luisa a casa de sus tías, ella se siente con culpa por deshacer a su familia, separar a su madre de ella por haberlo dicho y vivir ahora sintiéndose como arrimada.

Sin embargo, Luisa, después de acudir a terapia y aceptar el daño que le ocasionó la vivencia de violencia sexual, cree que fue importante hablar, porque no podía continuar así. Cuando lo dijo ya era adolescente y su padrastro la obligaba a tener sexo con sus amigos. Al decirlo evitó que siguiera ocurriendo.

Para quienes no recuerdan, o no están segurxs de sus recuerdos, Ellen Bass y Laura Davis en *El coraje de sanar. Guía para las mujeres supervivientes de abusos sexuales en la infancia* presentan una serie de preguntas a modo de que las y los lectores identifiquen si vivieron abuso sexual en su infancia; estas son:

¿Te violaron o penetraron de alguna otra manera?

¿Te hicieron presenciar actos sexuales?

¿Te viste obligada a escuchar largas conversaciones sobre temas sexuales?

¿Te hicieron caricias o daño en los genitales mientras te bañaban?

¿Te sometieron a tratamientos médicos innecesarios para satisfacer las necesidades sexuales o sádicas de un adulto?

¿Te hicieron ver películas de sexo u otro tipo de pornografía?

¿Te hicieron posar para fotografías seductoras o eróticas?

¿Te viste envuelta en prostitución infantil o pornografía?

¿Te obligaron a participar en algún rito en el que hubiera torturas físicas, psíquicas o sexuales?

¿Te obligaron a practicar sexo oral a un adulto?

¿Te acarició, besó o abrazó una persona adulta para su propia gratificación sexual?

Responder afirmativamente a las preguntas anteriores es señal de abuso sexual infantil, puede suceder alguna otra situación no enlistada en las preguntas, cómo saber si te espiaban mientras te bañabas o vestías, el punto es recordar cualquier situación incómoda que posiblemente llegaste a vivir.

Algunxs sobrevivientes de abuso sexual infantil, suelen no darle tanta importancia a su experiencia; por ejemplo, hay quienes al no responder ninguna de las anteriores preguntas y no tener ningún recuerdo concreto prefieren decir que no vivieron abuso sexual, aunque tienen la sensación de que algo les ocurrió, el cuerpo les expresa una emoción. Hay personas que minimizan la situación al decir, que sólo fue una vez, con un amigo de la familia, con su hermana mayor sólo un año más grande. Sin embargo, para Ellen y Laura Devis, estas expresiones son una muestra de cuánto se resta importancia al abuso sexual en la sociedad.

Como parte de la denuncia social, está evidenciar al agresor o agresora del abuso sexual en la infancia, señala el psicoterapeuta Claudio Tzompantzi, no tanto para enviarlo a la cárcel, pues el delito ya prescribió, pero para que se haga responsable de la violencia sexual que ejerció.

En entrevista, asegura que todas y todos somos susceptibles de ser violentxs, sobre todo cuando se vive en una sociedad patriarcal.

> El mundo está hecho para que los hombres gocen. Son los esclavos convencidos de su papel importante dentro del sistema pues éste te hace creer así. Son pocos hombres quienes deciden atacar el machismo, por la educación que recibimos, yo trató de romper cada día con él [reflexiona Tzompanzti Miguel].

> Quien comete algún tipo de violencia sexual debe resarcir el daño de alguna manera, aceptar que perdió cosas por ser violento, y solicitar ayuda, pedir una disculpa a quien agredió. Debería legislarse, para que las y los sobrevivientes de Abuso Sexual Infantil sintieran que se hace justicia.

Las sobrevivientes de Abuso Sexual Infantil entrevistadas, lograron dar su testimonio, es necesario hablar para visibilizar la magnitud del problema. Las fuentes de datos y de información son escasas, y las pocas que existen no representan fielmente ni la magnitud, ni las formas, y mucho menos, las consecuencias de estas conductas violentas.

De acuerdo con el Informe Nacional sobre Violencia y Salud en México, 2006, presentado por la organización internacional Iniciativa de Investigación en Violencia Sexual, existen un gran número de casos de violencia sexual no reportados y/o desconocidos, debido a que las personas víctimas no denuncian, ni reportan lo ocurrido, por temor, culpa, vergüenza u otros factores relacionados al tabú de la sexualidad y la violencia.

La psicóloga, Ruth González Serratos, fundadora del Programa de Atención Integral a Víctimas y Sobrevivientes de Agresión Sexual, paivsas, en la Facultad de Psicología de la Universidad Nacional Autónoma de México, unam, refirió que de junio de 1994 a mayo de 2002, la institución atendió 894 casos, de los que el 48.9% son sobrevivientes de abuso sexual en la infancia que no recibieron ningún tipo de ayuda en el momento del suceso y el 21.8% tuvo acceso a apoyo.

González Serratos, junto con su equipo de trabajo, en el que se encontraba el psicoterapeuta sexual Claudio Tzompantzi Miguel presentó un *Informe preliminar sobre algunos aspectos de la investigación en sobrevivientes de abuso sexual en la infancia*, las cifras recabadas revelan que de 37 sobrevivientes, 86% son mujeres y 14% varones. En el mismo estudio, 85% de los agresores son hombres.

A partir de la experiencia clínica la coordinadora del paivsas, señaló que los hermanos mayores abusan física y sexualmente de lxs menores en el ámbito de un clima de violencia doméstica donde el papel del varón es sobrevalorado y en el que el padre demuestra y se ufana de su poderío, dominio y agresividad. Actualmente este programa ya no está en funcionamiento.

De acuerdo con la Encuesta Nacional sobre Violencia contra las Mujeres, publicado en 2003, el 76% de las encuestadas reportó abuso sexual durante la infancia, antes de los quince años.

No existen cifras certeras sobre la problemática de abuso sexual infantil, mucho menos de sobrevivientes del mismo.

A parte de la denuncia social, lxs especialistas entrevistadxs expresan otras alternativas que consideran importantes para la disminución o erradicación del problema de violencia sexual en México.

4.2 Propuestas de especialistas para disminuir el Abuso Sexual Infantil

Para prevenir el abuso sexual infantil hay que brindar educación en diferentes niveles, en equidad de género, derechos humanos, sexualidad en situación afectiva, así lo piensa el sexólogo Manuel Hernández, quien plantea la necesidad de promover relaciones más equitativas, educación para la paz, todo a nivel primario; es decir, con toda la sociedad mexicana.

Atender el problema a partir de cuatro niveles, señala el psicoterapeuta sexual José Manuel Hernández:

1) Primario, de educación para niñas, niños, padres de familia y sociedad en general, sobre equidad de género, familia, violencia y sexualidad.

2) Atender a las víctimas, lugares de calidad donde puedan acudir.

3) Atender a los abusadores, que existan centros de apoyo.

4) Preparar a los especialistas.

Esta problemática atraviesa por la cuestión de equidad de género, ligada a la violencia y desigualdad de poder originada en la sexualidad, donde lo masculino socialmente es mejor que lo femenino, y todo ello se lleva al plano más íntimo que es la sexualidad y se desarrolla a partir de las jerarquías institucionales y laborales, entre otras [señala Manuel Hernández].

El especialista Hernández opina que no hay culpables, existen responsables, y visualiza a la sociedad en general como responsable, pues sería conveniente empezar a informarse y atender el problema porque ocurre en la misma comunidad cercana a nosotrxs. Reflexiona "la culpabilidad engancha al pasado, la responsabilidad es algo sucedido y no me quedo con eso, lo saco a flote y tomo acciones".

Ana Cecilia Salgado, psicoterapeuta corporal con más de veinte años de experiencia, analiza el tema de violencia sexual desde tres ejes: la niñez, la educación, y la sociedad mexicana en general.

La educación debe estar aunada a la perspectiva de género que está surgiendo en la sociedad, se trata de combatir pensamientos que fortalecen al machismo como pensar que las niñas y los niños corren menor riesgo con la madres. Los hombres como parte de la familia tendrían que construirse a partir de nuevos valores que les ayude a no violentar más, y generar la misma confianza en ellos para cuidar a sus hijxs y evitar el Abuso Sexual Infantil.

Es importante volver a respetarnos a nosotros mismos como seres humanos, si no lo hacemos nosotros los demás no lo harán, se empieza desde una misma. Considero que el haber vivido abuso sexual infantil me ha colocado frente a la vida como una mejor persona, hay quienes se quedan con el abuso, el enojo, la frustración, ganas de vengarse, entonces es cuando se reproducen los abusos y no llegamos a nada, afectan a otros, hacen lo que a ellos les hicieron, [reflexiona Ana Cecilia].

Ana Salgado, considera que la sociedad tiene que despertar, porque se vive en la inconsciencia, se necesita más sensibilidad, se educa con la idea de pasar por encima del otro u otra, cualquier persona que tiene poder abusa del mismo,

entonces se crea la corrupción y se siguen reproduciendo los cánceres sociales como este problema de Abuso Sexual Infantil, que no tiene salida mientras no aprendamos que nosotros somos el futuro y las niñas y los niños aprenden de lo que ven o viven, está en nosotros construir algo diferente, o destruir.

En la obra *La violencia en casa*, Marta Torres Falcón analiza la situación que viven lxs niñxs, redefinida en función del género y las relaciones de poder.

Las desigualdades sociales se reproducen y muchas veces se fortalecen en el hogar…Los subordinados, débiles o vulnerables (niñas, niños, adolescentes, la mujer) en el núcleo familiar se definen en función del género, la edad, la aptitud física o mental y la orientación sexual, entre otras variantes.

La sexóloga Karla Barrios considera importante una educación integral para las personas que han vivido violencia sexual, implementar instrucción sexual formal humanista con perspectiva de género desde los primeros años de vida, con énfasis en comportamientos, sentimientos, e integración de vivencias. Además de promocionar el acceso a la justicia.

Barrios Rodríguez contribuye dando terapias para que las personas sanen sus heridas y se construyan desde espacios amorosos, autogestivos, empoderados y libres de violencia. Es así que fomenta la cultura de la paz y buen trato, como una manera de contribuir a que la sociedad sea más justa, equitativa y amorosa.

La psicoterapeuta sexual, opina que en México estamos lejos de garantizar vidas libres de violencia porque las medidas gubernamentales son insuficientes, aunado a la poca o nula preparación de lxs servidorxs públicxs, y aunque existen leyes para erradicarla en la práctica son letra muerta.

Explica que no existe realmente el derecho a la salud, vivienda, a la alimentación y a la educación. Mientras no se modifiquen estas condiciones que se convierten en violencia estructural, difícilmente podremos hacer algo con la violencia cultural y sexual.

Otro problema ante el abuso sexual infantil es que no se cuenta con especialistas preparados para atender este tipo de sucesos, mucho menos respecto a temas de violencia, menos la sexual; hay carencias, pues no todos las y los psicólogxs son terapeutas, ni éstos, ni éstas se encuentran especializadxs. Además, de preparar a lxs especialistas, hace falta que servidorxs públicxs, maestrxs, padres de familia entiendan el problema de violencia sexual.

La psicoterapeuta Cecilia Salgado cree importante ver a la humanidad en su conjunto, cuerpo, alma y mente. En el Oriente ven a las personas como unidad, mientras que en Occidente se ha divido en partes. Explica que la o el terapeuta debe estar preparadx para abordar distintas temáticas de sus pacientes, entre ellas el abuso sexual infantil.

La Asociación para el Desarrollo Integral de Personas Violadas, Asociación Civil, ADIVAC, con más de veinte años de trayectoria en atención a víctimas de violencia sexual, ha realizado dentro de la misma organización una serie de propuestas encaminadas a erradicar este problema.

A pesar de ello, Tania Escalante, encargada del área de Difusión y Comunicación de ADIVAC, considera que la sociedad es cada vez más violenta, y que aunque las y los integrantxs de dicho organismo ponen su granito de arena, las estadísticas van en aumento.

En la actualidad, ADIVAC, pretende difundir la problemática y llegar a aquellos espacios donde se vive violencia sexual, trabaja porque instituciones a nivel distrital y si es posible nacional conozcan la asociación y acudan no sólo las víctimas de violencia sexual, sino interesados en el tema.

Una manera de prevenir la violencia sexual es capacitar a más personas en dicha temática. Tania Escalante integrante de ADIVAC reflexiona que si un sexólogo o sexóloga no está preparado en el tema de violencia no podrá ayudar a la y los sobrevivientes.

> En todos lados, en mayor o menor medida, existe la violencia sexual: en la publicidad, en la forma en cómo nos tratan a las mujeres, con la pareja, las amigas, en la familia, nuestra comunidad; es injusta la forma tan desigual en cómo se maneja el poder y los roles asignados para cada género; un hombre que agrede sexualmente está condicionado por su historia, su cultura, tiene conciencia del poder social y cultural, lo usa y abusa de quienes tienen menos poder que él, también está condenados a que alguien con más poder que él venga y le hagan lo mismo, el pez grande se come al chico. La idea es que los hombres aprendan a no ejercer esa violencia y a vivir desde otra manera [argumenta en entrevista Escalante].

Caleidoscopia, Espacio de Cultura, Terapia y Salud Sexual es otra asociación civil que a partir de talleres, cursos, conferencias, terapias grupales e individuales y de pareja, aporta su granito de arena para erradicar el abuso sexual infantil en México y promocionar una educación integral de la sexualidad.

En entrevista, la directora de la asociación, médica y psicoterapeuta sexual María Antonieta García Ramos, explica que "Caleidoscopia nace por la inquietud de tener un espacio para enseñar a las mujeres a estar en contacto con su cuerpo, y a los varones a salir del machismo y trabajar con su corporalidad".

Reflexiona que de todas las mujeres que ha atendido, alrededor de quince mil, de 2002 cuando se fundó Caleidoscopia, hasta septiembre 2014, el 70% de ellas sufrió algún tipo de violencia sexual durante su infancia y adolescencia, por ello considera importante cambiar este patrón.

Dentro de los talleres que brindan en la organización está: *Grupo de Hombres para el Trabajo de Masculinidad y Equidad Escuchar-me*, en donde se reflexiona sobre los modelos tradicionales de ser hombre que limitan las potencialidades afectivas.

Otra asociación civil Mujeres Sobrevivientes de Abuso Sexual, MUSAS, trabaja con la violencia familiar y sexual con un enfoque de género, ya tienen quince años de experiencia; brindan a las y los pacientes las herramientas necesarias para superar y hacer frente a sus problemáticas, de tal forma que les ayude a mejorar sus relaciones interpersonales y su calidad de vida.

Musas, logra su misión a partir del compromiso, la disciplina y de fomentar valores que a veces se pierden como la honestidad, responsabilidad, respeto, actitud de servicio y ética profesional. Ofrece talleres y pláticas que buscan sensibilizar a la sociedad ante estas situaciones.

4.3 Educar con amor y sin violencia

En relación con las alternativas para disminuir el abuso sexual infantil y buscar paliar sus efectos en la vida adulta, las mujeres entrevistadas decidieron aportar sus ideas como víctimas de Abuso Sexual Infantil, y ahora sobrevivientes.

ALC señala que es importante tener una buena relación padres-hijxs, "consideró que el vínculo emocional es un factor determinante para que un menor pueda expresar lo que sucede, además de saber que será escuchado con respeto"; añade que también es necesario brindar educación sexual clara, concisa y adecuada a las y los infantes.

Para Brenda, el abuso sexual ocurre por desinformación entre lxs infantes acerca de la sexualidad, tema que aún está vedado en las escuelas y en casa, entonces ellxs no están preparadxs para enfrentar un acontecimiento de tal magnitud.

> Un niño o una niña con padres que los cuidan y no los dejan solos es más fácil que puedan poner límites o sepan identificar algún peligro; porque en muchas familias lo que ocurre es que ambos padres trabajan y dejan encargados a sus hijos y ahí ocurre el abuso. Por otro lado, a veces sucede que quienes sufrieron abuso en su infancia y no tomaron terapia ni buscaron la manera de sanar repiten la misma historia, abusando, o tampoco les dan elementos a sus hijos para defenderse, y se siguen repitiendo los patrones de generación en generación.

En relación con el comentario de Brenda, la periodista Lydia Cacho en su libro *Con mi hij@ no*, comenta que cuando realizó una investigación para desmantelar la red de pederastia en Cancún, en donde el empresario Jean Succar Kuri se colocaba afuera de las escuelas e invitaba a las niñas y los niños a su residencia con alberca, entrevistó a quienes no cayeron o no se dejaron tocar; una niña explicó que ella sí fue a su casa, pero cuando el sujeto le puso la mano sobre la pierna, agarró sus cosas y salió corriendo.

La niña contó que su madre le dijo que nadie podía tocar su cuerpo y menos cuando le resultara incómodo, también narró que tenía buena comunicación con sus padres y hablaban de temas como la sexualidad.

Es importante erradicar la violencia intrafamiliar, pues ésta se aprende en casa y depende de la educación que se brinda a lxs menores en los primeros años para mantener una relación de amor sin violencia. Por ejemplo, cuando Lydia Cacho le preguntó a la misma niña por qué creía que algunas de sus amigas si cayeron en manos del pederasta y ella no, la pequeña contestó que por la buena relación con sus padres y la educación sexual que recibió sobre cómo cuidar su cuerpo; sus amigas, dijo, no eran cuidadas por sus progenitores, pues ellos trabajan mucho tiempo.

Al respecto, en el libro *La violencia en casa*, Marta Torres Falcón considera la urgente necesidad de difundir que cada integrante en cualquier núcleo de convivencia debe tener derecho a una vida libre de violencia y que la armonía auténtica sólo puede derivarse de relaciones equitativas.

Laura, sobreviviente de Abuso Sexual Infantil, opina que es importante la educación sexual, recuerda que en su casa se vivió mucha violencia intrafamiliar, había carencias, económicas, emocionales, sexuales, y por ello ocurrió el abuso sexual. Otra forma de evitar que ocurra algo así es procrear con amor. "Desde que se decide tener un bebé, los padres deberían concebir la idea de amor pleno hacía sus hijos".

Mujer sobreviviente de violencia sexual, plática que a sus sobrinxs y primxs menores les habla sobre sexualidad, les dice que nadie debe tocar su cuerpo, que si su padre está borracho no se acerquen, para que no les suceda lo que a ella. Además ha asistido a grupos de autoayuda y apoya a mujeres, pues considera que esa es su forma de aportar algo a partir de su vivencia.

Janet también coincide con las otras mujeres sobrevivientes de Abuso Sexual Infantil en la necesidad de educar a las niñas y niños con amor, y éste no es sinónimo de consentir, o no poner límites claros a sus hijxs, sino que a partir de que una y uno mismx se amen y atiendan sus problemas personales, superen el miedo a ser padres, se informen, lean, comenten cómo quieren la educación para sus hijxs, entonces no proyectarán en ellos su enojo o frustraciones.

Ahora que tomó terapia, comprendo la importancia de controlar las emociones, hacerme cargo de ellas sin dañar al otro. A veces, recuerdo mi infancia y veo a una madre sumida en la desesperación, porque no hacía lo que realmente hubiese querido: estudiar y no tener tantos hijxs. Esa insatisfacción la llevó a la histeria y a desquitar su frustración con sus hijxs. Por ello recomiendo que los padres trabajen sus emociones y no olviden que la alegría de vivir la enseñan a sus hijxs y si no la tienen menos la proyectan.

4.4 CRUZADA DE PUBLICIDAD EN PREVENCIÓN

Brenda, quien fue maestra de primaria durante un tiempo, narra que le tocaron varios casos de abuso sexual infantil: cuando se les hablaba a las mamás para que buscarán ayuda, algunas de ellas decían que era mentira y jamás volvieron a tocar el tema. En una ocasión, una niña se masturbaba con un lápiz en el salón y era cada vez más frecuente. La maestra decía que era una falta de respeto pero no indagaba por qué la acción de la niña.

Ella la entrevistó y como terapeuta se dio cuenta que había sufrido abuso o vio algo relacionado con lo sexual, la niña hablaba poco; cuando se llamó a su madre, la regaño y le dijo que la iba a sacar de la escuela si continuaba haciendo eso.

Después de unos meses, la niña asustada pedía permiso para ir al baño y se tardaba mucho tiempo. Brenda llegó a la conclusión de que también para lxs padres es difícil aceptar un hecho de abuso sexual, por ello es importante proporcionarles información, pues no están preparadxs para abordar el tema, de ninguna forma, ni emocional, social o legalmente.

Brenda considera que sería una buena opción informar a lxs pequeñxs sobre abuso sexual, a través de vídeos, recomienda el documental *El árbol de*

Chicoca, donde con títeres se narra la historia de unxs niñxs changuitos que sufren Abuso Sexual Infantil, no saben cómo decirlo y tienen mucho miedo, se explica que es importante hablarlo, y no dejar que alguien toque sus cuerpos. Sin embargo hace falta más información para lxs padres porque llega a suceder que lxs infantes lo dicen pero no se les cree.

En opinión de Janet, se debería aplicar la materia de sexualidad y género en todas las escuelas privadas y de gobierno, pero antes de ello, capacitar a las maestras y maestros sobre este tema, pues aún para ellxs es tabú y en lugar de informarse sobre el tema de la violencia, con reglas estrictas y amenazas de bajar calificación mantienen a lxs infantes quietxs y sin escucharlxs.

Janet también piensa en la importancia de implementar vídeos de prevención, que se puedan mirar en los medios de comunicación, en las escuelas, difundir campañas. Brenda opina que las autoridades deberían emprender una cruzada de prevención para luego actuar, porque tampoco hay capacidad y ética en la gente que atiende a las personas abusadas. Además propone una campaña de publicidad, como comerciales de a dónde acudir y qué hacer si ocurre, porque hay mucha desinformación en la sociedad.

Sería importante promocionar el problema de abuso sexual infantil en el transporte público, en radio y televisión para hacerlo más visible. Además crear comerciales para que fueran transmitidos a nivel nacional durante la "hora nacional", o pensar en algo que genere mayor impacto.

Por el momento, las asociaciones civiles lo promueven mediante sus páginas de internet o Facebook, realizan algunos volantes o folletos, pero se necesitan más recursos económicos para implementar toda una campaña. Algún empresarix podría donar un monto para difundir el Abuso Sexual Infantil, como sucede ahora en contra del narcotráfico.

4.5 NO SÓLO EDUCAR SOBRE SEXUALIDAD, SINO ABORDAR EMOCIONES

No sólo basta educar sobre sexualidad sino tocar otras áreas o temas, como las emociones, porque "hay un vacío emocional y problemas familiares; las chavas están muy necesitadas de cariño, es necesario trabajar con las emociones, pues éstas se embarazan no tanto por desinformación, sino para llenar un vacío", analiza Brenda sobreviviente de Abuso Sexual Infantil.

Narra que alguna vez dio clases de Español en una secundaria, y lxs jóvenxs a cada rato mencionaban algo sexual, entonces ella les comenzó a dar temas de sexualidad, prevención, cómo usar un condón, entre otros. Al pasar un tiempo regresó y vio a sus mismas estudiantes ya con un o una hijx en brazos, y comprendió que no sólo era hablar de sexualidad, sino sobre las emociones. Los padres no platican con sxs hijxs, sobre todo si se trata de una colonia dormitorio, en donde lxs progenitores salen a las cinco de la mañana y regresan a las diez de la noche, sólo a dormir.

El doctor en sexualidad humana Eusebio Rubio-Aurioles, de la Asociación Mexicana para la Salud Sexual, A.C., plantea que una educación sexual tendría que abarcar los cuatro holones sexuales; el de la reproductividad humana, el holón del género, el erotismo y el holón de la vinculación afectiva interpersonal, aunque en este último también entran las relaciones entre más de dos personas.

Fue el político y filósofo social húngaro Arthur Koestler quien acuñó el término de "holón" por primera vez en su libro *El espíritu de la máquina*, le dio el significado de un "todo" que se forma gracias al conjunto de "otras partes" y juntos forman un sistema donde existe un alto grado de complejidad; por ejemplo, para que pueda funcionar una máquina, existió un hombre que tuvo la idea, pero a su vez, utilizó objetos inventados por otras personas, al llevar a cabo su invención se formó un todo y al final se crea algo integral. En lo social sucede lo mismo, no se puede hablar de sexualidad sin tocar otras partes que la componen; por ello, el sexólogo Eusebio Rubio-Aurioles habla de los cuatro holones.

1) El holón de la reproductividad humana, abarca la necesidad de la especie de reproducirse pero está condicionada por el plano sociológico.

2) De género, involucra la conformación de la identidad sexual o papel genérico, es decir, estereotipos del rol masculino y del femenino.

3) El del erotismo nos remite a experiencias más comúnmente identificadas como sexuales, o también relacionado con el amor, es el componente placentero de las experiencias corporales de manera individual o en interacción con otrxs.

4) El último holón de la vinculación afectiva interpersonal es la capacidad de sentir sensaciones por alguien más, así como construcciones mentales alrededor de ambxs, refiriéndose a un par o más individuxs que deciden compartirse.

La forma más reconocida de vinculación afectiva, es el amor, aunque se le puede dar el mismo nombre a formas de vinculación afectiva totalmente opuestas y diferentes. Es a partir de estos cuatro holones que el doctor Rubio Aurioles interpreta la sexualidad como objeto de estudio, a partir de ellos se plantea una educación sexual, abarcando las múltiples disciplinas para permitir la integración del conocimiento y la comunicación interdisciplinaria.

La sexualidad humana se construye en la mente del individuo a partir de las experiencias que tiene desde temprano en la vida y que la hacen significar e integrar las experiencias del placer erótico con su ser hombre o mujer (género), sus afectos que le vinculan con otros seres humanos y con su potencialidad reproductiva [analiza el autor del artículo Modelo Holónico de la Sexualidad Humana, Eusebio Rubio].

Haciendo referencia a la perspectiva de género, estás relaciones de las que habla Rubio podrían variar de acuerdo a la diferencia sexual; es decir, no sólo tendría que ser hombre-mujer, sino hombre-hombre, mujer-mujer, o experiencias bisexuales.

Si a lxs infantes se les educa con este modelo haciendo la aclaración de la perspectiva de género, tendrían una noción más amplia de lo que involucra la sexualidad. Es por ello que las y los especialistas, así como las sobrevivientes entrevistadas hacen hincapié en integrar la educación sexual desde el kínder hasta la adolescencia, pues representa la edad más vulnerable ya que dependen de alguien más.

4.6 Movimientos sociales para denunciar el Abuso Sexual Infantil

En México, no existen políticas públicas, entendiendo éstas como aquellos programas que un gobierno desarrolla en función de un problema o situación determinada, para la protección de las y los niños, a pesar de que ratificó en 1990 la Convención sobre los Derechos del Niño, aún no integra un diseño moderno para atender el problema de abuso sexual infantil mucho menos a las y los sobrevivientes del mismo ya adultxs.

La sociedad mexicana y las organizaciones sociales deben exigir al gobierno que adopte

> todas las medidas legislativas, administrativas, sociales y educativas apropiadas para proteger al niño de todas las formas de violencia física o mental, daño o abuso, descuido o trato negligente, maltrato o explotación; incluyendo abuso sexual, mientras el niño se encuentre bajo el cuidado de sus padres, guardianes legales o cualquier otro que esté a cargo de su cuidado [señala el artículo 19 de la Convención sobre los Derechos del Niñx].

La ciudadanía sintetiza el conjunto de principios, valores y modos de conducta a través de los cuales las personas "se reconocen como pertenecientes a un grupo humano, ubicado en un espacio geográfico social y que poseen derechos políticos y civiles," reflexiona Lucero Saldaña en su libro *La espiral de Eva. Las mujeres y la política de equidad de género.*

Para que la ciudadanía funcione debe existir un clima social y humano de mayor seguridad y confianza mutua; consolidar un orden político democrático con más participación de las personas en la gestión y las decisiones públicas, difundir el bienestar a quienes tengan menos acceso a sus beneficios, implementar proyectos mediante los cuales las y los ciudadanxs adquieran un mayor sentido de compromiso y pertenencia respecto de la sociedad en que viven.

Se necesitan buscar acciones cooperativas que lleven a la formación de una sociedad más igualitaria. Algunas recomendaciones propuestas por Lucero Saldaña son:

> Revalorar el trabajo femenino, remunerado o no. Reconocimiento social de la maternidad y la paternidad, articular las demandas de la ciudadanía y responder a ellas, rechazar la discriminación en los medios, adecuación del marco legal a nuestra realidad y su aplicación, sembrar relaciones amorosas y equitativas en las nuevas generaciones, políticas que corrijan desigualdades de trayectorias, acceder a los sistemas de justicia, con las mismas oportunidades. Todas estas acciones y más llevarían a una sociedad igualitaria con equidad de género.

Quien se ha enfrentado a las instituciones de administración e impartición de justicia en México por casos de violencia sexual, intrafamiliar, pedofilia, conocen la corrupción, la ineficacia y la impunidad. Es necesario que la sociedad en su conjunto abra su visión sobre la problemática del abuso sexual infantil, además de reconocer a las y los sobrevivientes que padecen la vivencia y sobreviven día a día.

En su obra *Esclavas del poder* la periodista Lydia Cacho propone, un Estado con perspectiva de Derechos Humanos, Equidad de Género y la No violencia que promueva el bienestar de toda la sociedad. Añade que en México, la impartición de justicia es confusa.

Por un lado, firma todos los tratados internacionales y contra la tortura; por otro, abre las puertas a una guerra contra el narcotráfico sin tener fortaleza en el sistema de administración e impartición de justicia. Los altos índices de impunidad –solo dos de cada cien delincuentes serán perseguidos por la ley– no son alentadores.

También, explica que la corrupción en México es de gran envergadura. En delitos graves se encuentran implicados altos mandos policíacos y del Ejército que ahora se les vincula con los Zetas. "En casos de pedofilia, en redes locales e internacionales, están involucrados gobernadores que están en funciones, procuradores de justicia, legisladores, sacerdotes, obispos y empresarios."

La sociedad mexicana debería organizar movimientos sociales para exigir al Estado mexicano que:

Todas las niñas y niños tengan acceso a educación formal. Ponga todo su empeño en abatir la pobreza… Aporte recursos estables a las organizaciones sociales que atienden a las víctimas de violencia intrafamiliar y sexual…Fortalezca todos los programas educativos privados y públicos, para la prevención de la violencia de género y sexual, promover valores de equidad, con el fin de erradicar todas las formas de discriminación. Instaure observatorios de violencia que revisen los contenidos que vinculan la violencia, la masculinidad y el sexo en videojuegos y televisión, propuestas señaladas por la comunicóloga Lydia Cacho en su obra *Esclavas del poder*.

Por último, enfatiza en que cada una de nosotrxs desde nuestro hogar, la escuela, el trabajo, debe buscar resolver conflictos sin el uso de la violencia, y educar a las niñas y los niños en la congruencia, honestidad y amor a las y los demás. "Está en nuestras manos detener el círculo vicioso y comenzar un círculo virtuoso de no violencia", dice la periodista.

Además, en entrevista, el abogado Daniel Manzur, encargado del módulo de Gestión Social del Instituto Nacional de las Mujeres, INMUJERES, opina "es muy importante que los sobrevivientes tengan el valor de decir lo viví, reconocer que fueron víctimas y pidan ayuda. Se necesitaría crear una ley específica para ellos", a fin de brindarles varias alternativas.

En la actualidad no son atendidxs en el INMUJERES, si llegan sobrevivientes lxs canalizan a distintas áreas como la asociación civil ADIVAC, o el Centro de Terapia de Apoyo a Víctimas de Delitos Sexuales, CTA, perteneciente a la Procuraduría General de Justicia de la Ciudad de México, entre otras instituciones de gobierno o de la sociedad civil. Para ser atendidxs dentro del Instituto tendría que existir una reforma para todo el Inmujeres.

4.7 VIOLENCIA NO ES UN JUEGO, NO LA HAGAS PARTE DE TUS RELACIONES

Además de crear movimientos sociales para erradicar el abuso sexual infantil, también es importante trabajar con el tema de la violencia, algunas sobrevivientes como Janet, Laura y Mago narran que han experimentado la misma en sus relaciones personales; por ejemplo, Janet recuerda que su anterior relación de pareja en los últimos meses se tornó violenta, hubo agresiones verbales, infidelidad, discusiones cada vez más frecuentes, pero no sólo por parte del hombre sino por ella misma, comprendió que no quería una vida así, ¿por cuánto tiempo más?, en su infancia vivió violencia sexual, familiar y psicológica, ahora desea parar.

De la misma manera, ALC, al vivir la violencia sexual narra:

> Fue un evento traumático, quebrantó mi vida, deterioró mi espíritu, mermó mi autoestima, insensibilizó mi cuerpo. Todo trastocó, es un evento devastador y difícil de comprender por las personas ajenas al tema, muchas lo minimizan porque en algunos casos no hay sangre o golpes.

Es así como la violencia sexual y psicológica se invisibiliza porque no hay pruebas físicas como sangre o golpes, no se hace consciente la sociedad del daño que provoca algún tipo de violencia, cualquiera que sea. Janet y Cecilia coinciden en que éstos temas deben hablarse más, porque como dice el psicoterapeuta Claudio Tzompantzi, "si no lo dices, no existe, si lo hablas, existe", y cuando más se comenta resulta que la vecina, la maestra, la niña de a lado, el niño, el abogado, el arquitecto, la ama de casa, la doctora, etcétera, también la han vivido.

En el caso de Brenda, Mago y ALC aún les cuesta hablar en su entorno familiar de su experiencia violenta, tienen temor a la reacción de sus familiares, y ALC opina que si la sociedad mexicana estuviera preparada para hablar de estos temas de abuso sexual infantil, o los distintos tipos de violencia, se animaría a contarlo con más gusto, pero teme al juzgamiento, al señalamiento, la burla y el menosprecio, justo por la cultura machista que se observa a diario.

Janet y Brenda quienes han trabajado con niñxs, dando talleres, o clases, observan que hay mucha violencia, lxs infantes la aprenden desde casa y la normalizan cuando se llegan a burlar de algunxs compañerxs, se golpean e insultan, o la típica frase de "quien me la hace me la paga", si le dicen algo, contestan, se enganchan en discusiones y llegan a golpes, pero todo aprendido por lxs adultxs, lo que miran en los medios de comunicación, lo que escuchan en casa, por ello Janet reflexiona "la violencia no es un juego, no la hagas parte de tus relaciones".

El psicoterapeuta Claudio Tzompantzi propone aprender a escuchar, además de quitar los mitos, tabús y prejuicios, la familia no siempre es un espacio de seguridad, recomienda hablar de la problemática de violencia sexual.

Ningún tipo de violencia es un juego, mucho menos la sexual, no la hagas parte de tus relaciones, muchas veces se justifica, quienes están más vulnerables en una sociedad patriarcal, son las niñas y los niños, además de las mujeres. Cuando se crece se puede salir de ese círculo de violencia en el que nos han educado, es posible, es una lucha, es cuestión de voluntad y decisión.

A pesar de que se crean leyes, no se ataca el problema de fondo, no sólo se necesita educación sexual sino combatir la cultura machista y la violencia que se ejerce en todos los ámbitos de la sociedad. Por ejemplo, al cierre de esta investigación el encargado del Ejecutivo, Enrique Peña Nieto propuso la *Ley General para la Protección de Niños, Niñas y Adolescentes*, el primero de septiembre de 2014, durante su segundo informe como presidente de la República Mexicana.

La UNICEF, calificó dicha ley de histórica en el cuidado de los derechos de niñas, niños y adolescentes, sin embargo, en la misma no se hace mención sobre la atención a lxs infantes que hayan sufrido algún tipo de violencia, sobre todo sexual.

Por su parte, la Comisión de Derechos Humanos del Distrito Federal, CDHDF, presentó al Senado diversas consideraciones sobre la iniciativa del Ejecutivo, porque refleja la ausencia de reconocimiento de niñas, niños y adolescentes como personas sujetas de derechos, además de políticas públicas específicas para lxs infantes en donde la discriminación por razones de género sigue siendo un factor latente en la sociedad que vulnera sus derechos.

Para lxs sobrevivientes de violencia sexual infantil aún no hay instituciones que lxs respalden, mucho menos que aborden de manera legal el tema. Hay agresores impunes, como el sacerdote Marcial Maciel, quien murió sin ser condenado por los cientos de abusos sexuales cometidos contra infantes, o sobre la red de pederastia que denunció Lydia Cacho, en *Los demonios del Edén*, o en *Esclavas del Poder*.

Sin embargo, aún hay personas que denuncian públicamente para combatir la violencia sexual infantil, las sobrevivientes intentan hacerlo cada día a través de ir a terapia, tratar de deshacerse de la violencia en sus relaciones personales, construirse de nuevo, sonreír, alcanzar sus sueños, narrar su historia porque "nunca es tarde para hablar".

Janet, ha logrado tocar el tema con otrxs sobrevivientes de Abuso Sexual Infantil, narra una historia muy especial:

> Me sorprendí y me di cuenta de la importancia de hablar, cuando en una charla, decidí tocar el tema de abuso sexual infantil, entre nosotras, había un hombre, quien animado, me comentó "saca todo lo que traes, porque no contarlo carcome el alma" confundida accedí, necesitaba hacerlo, es difícil de repente en una plática con tus amigas tocar algo inesperado.
>
> Mientras narré que el hombre que me dio la vida, el hijo de mi madre y una hermana, abusaron de mí, siendo una niña, el llanto no cesaba, aún tengo mucho dolor. De pronto, brotaron unas lágrimas de aquel rostro moreno del joven de ojos café claros que me animo a hablar, y dijo 'yo también fui abusado, es lo peor que te puede pasar'.

4.8 Disfrutar el presente

Las mujeres entrevistadas ven un antes y después, también visualizan un nuevo comienzo a partir de ser adultas en busca de ayuda para sanar sus heridas y poder construirse desde otra visión sin violencia, ni abusos, es una lucha interna fuerte consigo mismas, el enemigo se oculta en sus relaciones dependientes, en la depresión que brota, o la ansiedad atrapada en su ser.

Es así que, a partir de narrar sus propias vivencias, Brenda, Mago, ALC, Laura, Janet y Ana, invitan a las y los sobrevivientes de abuso sexual infantil, a contar su historia, buscar ayuda, soltar esa vivencia para poder disfrutar su presente ya no plantadxs en el abuso sino buscando alternativas para sanar.

Brenda:

> Si no tienen consciente el abuso, no puedes forzarla a que vaya a terapia, quizás le haga más daño, pues cuando lo hablas es porque estás lista. El dolor aunque es muy fuerte no te mata, te hace más fuerte, hay gente apoyándote, es mucho más fácil compartirlo en grupo, puedes ir a tu paso, no estás sola ni eres culpable, en el medio donde te ayudan no te juzgan.

Ella opina que si alguien te dice que olvides el abuso sexual que sufriste en la infancia o en la adolescencia y lo haces tarde o temprano regresa.

Mago platica que ha compartido con otras mujeres su vivencia de abuso sexual infantil, es algo muy fuerte que pasa hasta en las mejores familias y es más frecuente de lo que parece, lo importante señala, es contar la historia en espacios donde se sientan segurxs, en terapia, entrevistas, donde crean que no podrán ser lastimadxs.

Laura considera que quienes platican su experiencia ayudan a otras mujeres a narrar la propia. "Cuando platicó mi experiencia, las mujeres lloran no es tanto porque les causo sufrimiento sino porque se ven reflejadas, porque yo creo que de cada 10 mujeres, ocho viven algún tipo de violencia."

Ana Cecilia Salgado recomienda a las y los sobrevivientes de Abuso Sexual Infantil, busquen terapia lo sufrirán menos y se sentirán acompañadxs. "Cuando el sufrimiento es patológico hace mucho daño, un sobreviviente no tendría por qué estar sufriendo, por eso se le debería ayudar a trabajar con la culpa, y otros aspectos. En terapia sacan el tema del abuso, ni siquiera les tengo que pedir que lo hagan," reflexiona Salgado con una sonrisa reflejada en el rostro.

Con ojos alegres acompañados de una sonrisa y voz animada Janet dice:

> Creo que si las y los sobrevivientes lo dicen, además de sentirse liberadxs, ayudarán a que el problema sea visible y entonces atendido. Me ayudó contarlo, sentía que me estaba volviendo loca y escuchar a otras mujeres me hace sentir en solidaridad. Sí, hay personas que piensan no necesitar ayuda, pero están tristes, deprimidas; es mejor hablar, encontrar un lugar amistoso entre sobrevivientes.
>
> Es una vivencia dura, pero ya merecemos vivir de otra manera, sin violencia, sin miedo, sin culpa ni vergüenza, paso, nos dañó, trasgredió nuestro ser, robaron nuestra

infancia. Ahora aprendemos una forma distinta de sanar, reconocemos lo que nos afectó y tratamos de vivir el presente. A veces ya no quiero continuar en terapia, brotan nuevos recuerdos, es demasiada la tristeza que creó no sobrevivir, pero una vez pasada la crisis comprendo que cada vez crezco más.

Ellen Bass y Laura Devis en su libro *El coraje de sanar*, recomiendan a las y los sobrevivientes decirlo porque resulta transformador, sales de la vergüenza, el secreto y la negación, entras al reconocimiento de tu propia historia de abuso sexual.

"Entras más en contacto con tus sentimientos, es posible recibir comprensión y ayuda. Haces espacios en tus relaciones para el tipo de intimidad que nace de la sinceridad. Tienes la oportunidad de ver tu experiencia a través de los compasivos ojos de alguien que te comprende. Te estableces en el presente como una persona que está enfrentando el abuso sufrido en el pasado";

además las autoras concluyen que quienes lo dicen se convierten en modelos para otras y otros sobrevivientes, te sientes orgullosx y fuerte.

En relación a cómo decirlo y a quién, Bass y Devis opinan que estar en un grupo donde sientas seguridad con comprensión y compasión es un buen inicio para hablarlo. "Es necesario que las personas que te rodean sepan por qué a veces estás triste, alterada, ocupada, con necesidad de estar sola, por qué te encierras en ti misma y te aferras," tus amigas, amigos y pareja deben saberlo, es necesario contarlo con quienes deseas intimar.

Para muchas mujeres, decirlo significa aún más. Lo consideran una opción política, una necesidad. Dorianne Laux, quien dirige talleres para adolescentes sobre el abuso sexual considera "no tengo nada de qué avergonzarme". No tengo qué ser anónimo…Y toda la idea del secreto se perpetúa cuando oculto mi nombre. El incesto no tiene que ocultarse…Es necesario que la gente salga y diga "me llamo así, me ocurrió esto y me da mucha rabia…De modo que hablar y decir quién soy es verdaderamente importante para mí" [palabras de una sobreviviente en *El coraje de sanar*].

Sobre cómo decirlo, es necesario escoger con prudencia a quiénes contarlo, hacerse las siguientes preguntas: "¿Me quiere y me respeta?, ¿Le interesa mi bienestar a esa persona?, ¿Es alguien con quien he podido hablar de sentimientos anteriormente?, ¿Confío en esa persona?, ¿Me siento segura con esa persona?" así lo plantean Bass y Devis.

Si se responden sí a todas las preguntas anteriores podrás contarlo pues es una persona que probablemente te va a apoyar y/o comprender. Diles que deseas contar algo muy personal y delicado y pregúntale si es un buen momento para hablar, dale tiempo de prepararse para escuchar, también dale la oportunidad de posponer la conversación.

Cuando se está con un grupo de sobrevivientes o una/un terapeuta no necesita prepararse para narrarlo, si se quiere decir a la familia o amigxs se deben elegir las condiciones más favorables posibles.

Las autoras de *El coraje de sanar*, piensan que para disfrutar el presente, primero se tienen que sanar los traumas del pasado, en este caso, el abuso sexual sufrido en la infancia. De igual manera, Allice Miller en *Salvar tu vida,* plantea la idea de sanar las heridas infantiles porque trascienden en nuestras decisiones y la manera en cómo nos relacionamos en el presente.

Tal como lo señala la psicoterapeuta Karla Barrios, vivir una experiencia de abuso sexual infantil es "el destierro personal en la infancia, perder el lugar de poder personal, mantiene en aislamiento y soledad a quien lo vive, es la ruptura de los lazos amorosos y de confianza, es la oscuridad, la pausa pesada, es invadir la tierra que está preparándose para florecer".

De esta manera las sobrevivientes de Abuso Sexual Infantil entrevistadas, a veces piensan que no hay fin, pero han aprendido en terapia que pueden comenzar de nuevo, ya son adultas y ahora quieren aprender nuevas formas de relacionarse, recuperar su poder personal, dejando atrás la violencia sexual sufrida para no ejercerla en el presente.

Sin duda, me involucré en las vivencias de cada una de las mujeres entrevistadas, lloré con ellas, sentí su coraje, su impotencia, la rabia contenida por la falta de justicia legal, me indigné al escuchar la travesía que han vivido, pero también comprendí que son voces ya no calladas, ahora lo platican como una vivencia que destrozó su infancia, pero como dice el poema *Como la cigarra* de María Elena Walsh: "Tantas veces me mataron, tantas veces me morí; sin embargo, estoy aquí resucitando".

Y la canción continúa: "Igual que sobreviviente que vuelve de la guerra…Tantas veces te mataron, tantas veces resucitarás, tantas noches pasarás desesperando. A la hora del naufragio alguien te rescatará para ir cantando". Así es como las miro ahora, han vivido crisis fuertes, algunas fueron al psiquiatra, pensaron en suicidarse y hoy narran su historia, Brenda, Mago, ALC, Laura, Janet y Ana, son sobrevivientes en busca de reconstruir su vida.

Abrí la puerta a mujeres y hombres sobrevivientes de Abuso Sexual Infantil, para que se atrevan a denunciar socialmente, mostré las afectaciones que sufren y la lucha constante que libran contra sí mismxs, sumé un granito de arena sobre la problemática de Abuso Sexual Infantil.

Traté de mostrar los mitos y creencias erróneas respecto al tema como: ¿ya para qué lo dices? ¿Si no lo dijiste, no pasó nada?, ¿por qué hasta ahora? La intención es humanizar a la sociedad para que sea empática y enfrente estos temas. Usé un lenguaje incluyente con la creencia de que también en las letras se hacen construcciones sociales de la cultura machista, la intención es romper con eso y hacer notar que hay mujeres que luchan por la equidad entre los sexos y en contra de la violencia de género, que afecta también a los hombres.

Retomé este tema de mujeres sobrevivientes de Abuso Sexual Infantil, porque aunque no me enfrente a políticxs corruptxs, o al tráfico de personas, o enfrascarme en la prostitución infantil, temas sumamente alarmantes, creí necesario que las mujeres que han pasado por estos procesos compartieran su dolor y su rabia con la sociedad para que la problemática sea abordada con mayor seriedad y la firme convicción de la denuncia social.

Crear redes entre hombres y mujeres sobrevivientes de Abuso Sexual Infantil, trabajando con nuestras emociones, porque cuando cada quien se revisa individualmente, se autoayuda, podrá ayudar a otras y otros.

Quiero visualizar la fuerza interior que tiene cada una y uno.

Respira, abre los ojos, enfréntate a tus miedos, alza la voz, y con tus piernas fuertes bien plantadas sobre la madre Tierra vuelve a respirar, agradece estar aquí en el presente, visualiza a la humanidad y a partir de ahí genera el cambio.

GRACIAS.

BIBLIOGRAFÍA

1. Álvarez, R.M. y Pérez, A. E. *Modelos para prevenir, atender sancionar y erradicar la Violencia contra las mujeres.* México, Instituto de Investigaciones Jurídicas, Universidad Nacional Autónoma de México. 2012, 50pp.

2. Azar, Gabriela *Metodología de Investigación y Técnicas para la Elaboración de Tesis.* Madrid: México: Hispania, 2006, 250pp.

3. Bass, Ellen y Devis, Laura, *El coraje de sanar. Guía para las mujeres supervivientes de abusos sexuales en la infancia.* Barcelona, Ediciones Urano, 1995, 639pp.

4. Bourdieu, Pierre, *La dominación masculina*, Barcelona, Anagrama, 2000, 159pp.

5. Cacho, Lydia Con mi hij@ no. México, De Bolsillo, 2009, 286pp.

6. Cacho, Lydia *Esclavas del poder.* México, De Bolsillo Premium, 2012, 318pp.

7. Cacho, Lydia *Los demonios del Edén: el poder que protege a la pornografía infantil.* México, Grijalbo, 2005, 208pp.

8. Calero, María de los Ángeles, *Sexismo lingüístico. Análisis y propuestas ante la discriminación sexual en el lenguaje,* Madrid, Narcea, 1999, 208pp.

9. Castañeda, Carmen, "Historia de la sexualidad. Investigaciones del período colonial", en *Sexualidades en*

México. Algunas aproximaciones desde la perspectiva de las ciencias sociales. México, Colegio de México, A.C., 2005. 249-263pp.

10. Castañeda Gutman, Marina, *El machismo invisible,* México, Taurus, 2007, 384pp.

11. Cazorla, Gloria, Samperio, Regina e Chirino, Ivonne *Alto a la agresión sexual: consecuencias conductuales en los niños.* México, DF, Diana, 1992, 133pp.

12. Corsi Jorge y Peyrú Graciela María *Violencias sociales,* Barcelona, Ariel, 255pp.

13. Cuadros Ferré, Isabel y Ordoñez Vera, Martha *La infancia rota. Testimonios y guías para descubrir y tratar el abuso sexual infantil.* Colombia, Norma, 2006, 184pp.

14. Cuevas García, Jesús, *Metodología de la investigación científica.* México, Universidad Autónoma de Nayarit, Coordinación de Investigación Científica, 1986, 328pp.

15. Davila Lucio Ana María Teresa, *Tesis abuso sexual y maltrato a menores de edad como consecuencia de la violencia intrafamiliar,* para obtener el título de Licenciada en Derecho por la Universidad del Tepeyac, México, 1999, 176pp.

16. De Beauvoir, Simone, *El segundo sexo,* Madrid, Cátedra, 2005, 728pp.

17. Del Carmen Podestá Martha y Rovea, Laura, Ofelia *Abuso sexual infantil intrafamiliar: un abordaje desde el trabajo social.* Buenos Aires, Espacio Editorial, 2003, 133pp.

18. Del Río Reynaga, Julio, *El reportaje moderno. Antología.* México, Trillas, 1994, 190pp.

19. Del Valle, Teresa *Perspectivas feministas desde la antropología social,* Barcelona, Ariel, 2000, 272pp.

20. Döring, María Teresa, *El mexicano ante la sexualidad.* México, Fontamara, 1999, 275pp.

21. Espada Chávez, Ana Miriam Soledad, Tesis: *La Discriminación de la Mujer a través del Sexismo Lingüístico*

en el *Imaginario Colectivo*, Universidad Rafael Landívar. Facultad de Ciencias Jurídicas y Sociales, Guatemala, enero de 2012, 133pp.

22. Fernández Milpas, Magaly, Jiménez Aguilar Miguel Ángel, Tesis: *La homosexualidad masculina y el pensamiento machista como factor de discriminación*, unam, Facultad de Estudios Superiores Zaragoza, Psicología, marzo 2009, 106pp.

23. Finkelhor, David, *El abuso sexual al menor. Causas, consecuencias y tratamiento psicosocial*. México, PAX, México, 2005, 304pp.

24. Forward Susan y Buck, Craig, *Padres que odian. La incomprensión familiar: un problema con soluciones*. México, Grijalbo, 1991, 375pp

25. Gómez, Ceja, Guillermo, *Metodología de Investigación para áreas sociales: Guía técnica para elaborar trabajos de investigación documental y conductas de campo*. México, Colegio de licenciados en Administración de México, 1980, 224pp.

26. Guerrero Chiprés, Salvador, M. González, Fernando Paloma Escalante, et al. *El círculo del poder y la espiral del silencio. La historia oculta del Padre Marcial Maciel y Los Legionarios de Cristo*. México, Grijalbo, 2004, 264pp.

27. Ibarrola, Javier *El reportaje*. México, Gernika, 1994, 138pp.

28. Instituto Jalisciense de las Mujeres, *Manual de sensibilización en Perspectiva de Género*, Tercera edición, noviembre 2008, 69 pp.

29. Instituto Nacional de las Mujeres, *Guía metodológica para la sensibilización en género: Una herramienta didáctica para la capacitación en administración pública. La perspectiva de género*, volumen 2, México, noviembre 2008, 65pp.

30. Jiménez Chávez, Evelia Jazmín, Tesis: *Cuerpo y Sexualidad: Taller de reconstrucción y reconciliación corporal dirigido a mujeres víctimas de Violencia sexual*, UNAM,

Facultad de Estudios Superiores Iztacala, Psicología, Los Reyes Iztacala, Estado de México, mayo 2013, 129pp.

31. Kapuscinski, Ryszard. *Los cinco sentidos del periodista (estar, ver, oír, compartir, pensar)*. México, FCE, 2003, 87pp.

32. Kapuscinski, Ryszard. *Los cínicos no sirven para este oficio*, México, Anagrama, 128pp.

33. Lagarde y de los Ríos, Marcela *El feminismo en vida. Hitos, claves y topías*. México, Inmujeres, 2012, 643pp.

34. Lagarde, Marcela, *Género y Feminismo: Desarrollo humano y democracia*, Madrid, Horas y horas, 1996, 200pp.

35. Lagarde, Marcela, (coordinadora) *Política y Género*, México, Cámara de Diputados, PRD, 2003, 55pp.

36. Lamas, Marta (Compiladora), *El género la construcción cultural de la diferencia sexual*. México, Porrúa, 2013, 306pp.

37. Lamas, Marta *Cuerpo: diferencia sexual y género*. México, Taurus, 2002, 216pp.

38. Lamas, Marta *"Sexualidad y Género: la voluntad de saber feminista"*, en *Sexualidades en México. Algunas aproximaciones desde la perspectiva de las ciencias sociales*. México, Colegio de México, A.C., 2005, 46-66pp

39. Lamas Marta, *Uso, dificultades y posibilidades de la categoría de género*, *Papeles de Población*, Universidad Autónoma del Estado de México, 1999, 147-178pp.

40. Lameiras Fernández, María *Abusos sexuales en la infancia: abordaje psicológico y jurídico*. Madrid, Biblioteca Nueva, 2002, 220pp.

41. Lenett, Robin, *Di que no*. México, D.F., Grijalbo, 1987, 144pp.

42. Martínez, González, Carmen, Díaz Huertas, José Antonio y Casado Flores Juan. Niños maltratados. Barcelona, Díaz de Santos, 1997, 388pp.

43. Miller, Alice, *El cuerpo nunca miente*. México, Tusquets, 2011, 3era Ed, 209pp.

44. Miller, Alice, *Por tu propio bien. Raíces de la violencia en la educación del niño*. Tusquets, Barcelona, 1998, 280 pp.

45. Miller, Alice *Salvar tu vida. La superación del maltrato en la infancia*. México, Tusquets, 2009, 344 pp.

46. Ortega García Tania, Tesis: *El sombrío enemigo: la trata de mujeres (Reportaje acerca de la trata de niñas y mujeres con fines de explotación sexual comercial en el Distrito Federal)*, UNAM, Facultad de Ciencias Políticas y Sociales, México, 2013, 165pp.

47. Pardinas, Felipe *Metodología de Investigaciones en Ciencias Sociales*. México, Siglo XXI, 1989, 236pp.

48. Perrone Reynado y Nannini, Martine *Violencia y Abusos Sexuales en la Familia*, Argentina, Paidós-Terapia Familiar, 1997, 173pp.

49. Rangel Sánchez, Karla Paola, Tesina: *Cuando contar hasta diez no es suficiente. Reportaje sobre el maltrato infantil*, UNAM, Facultad de Estudios Superiores Acatlán, noviembre 2006, 97pp.

50. Rojas Avendaño, Mario *El reportaje moderno*. México, FCPyS, UNAM, 1976, 228pp.

51. Rojas Soriano, Raúl *Guía para realizar investigaciones sociales*. México, Plaza y Valdés, 2007, 437pp.

52. Rojas Soriano, Raúl *Métodos para la investigación social: una preposición dialéctica*. México, Plaza y Valdés, 2002, 214pp.

53. S/autor *Diccionario de la Real Academia Española*, Madrid, Espasa, Calpe, 2001,

54. S/autor *Infancias mexicanas: rostros de la desigualdad. Informe alternativo para el Comité de los Derechos del Niño de la Organización de Naciones Unidas 1999-2004*. México, Red por los Derechos de la Infancia en México, 2005, 70pp.

55. S/autor, *Violencia de género. Visibilizando lo invisible. Armonización Legislativa de los Derechos Fundamentales de las Mujeres*, México, Asociación para el Desarrollo Integral de Personas Violadas, A.C., ADIVAC, 2011, 525pp.

56. Saldaña, Lucero *La espiral de Eva. Las mujeres y la política de equidad de género*. México, Benemérita, Puebla, 2004, 258pp.

57. Sasz, Ivonne y Lerner Susana (compiladoras), *Sexualidades en México. Algunas aproximaciones desde la perspectiva de las ciencias sociales*. México, Colegio de México, A.C., 2005. 305pp.

58. Simpson Máximo, *Reportaje, objetividad y crítica social. (El presente como historia)*, Revista Mexicana de Ciencias Políticas y Sociales, No.86-87, México, UNAM/ FCPYS, 1977, 149pp.

59. Sullivan, Diana y Everstine, Louis *El sexo que se calla*. Pax, México, 2006, 275pp.

60. Summit, Roland, *Child Sexual Abuse Accommodation Síndrome (CASS)*, traducida como: La Teoría de la Adaptación o Teoría de la Acomodación, 1983, 37pp.

61. Torres Falcón, Marta, *La violencia en casa*. México, Paidós, 2001, 297pp.

62. Tzompantzi Miguel Claudio Arturo, Tesis *La opinión de los hombres con respecto del fenómeno de la violación sexual a las mujeres*, para obtener el título de Licenciado en Psicología, Universidad Nacional Autónoma de México, UNAM, Facultad de Psicología.

63. Ulibarri, Eduardo, *Idea y vida del reportaje*. México, Trillas, 1994, 281pp.

64. Vargas, Carolina y Pérez Juan Martín, ensayo *La violencia contra niñas, niños y adolescentes*. México 2010, 30pp.

65. Valdés, Luis *De la culpa a la paz y al amor*. México, Buena Prensa, 2009, 96pp.

66. Vega Estrada, Adriana, *La no violencia para las mujeres. ¿Una utopía para el siglo XXI?*, del libro *Cartografías del feminismo mexicano, 1970-2000*, México, UNAM, 2007, 429pp.

67. Velázquez, Susana. *Violencias cotidianas, violencia de género. Escuchar, comprender, ayudar.* Argentina, Buenos Aires, Paidós, 1ed 2003, 2da 2004, 331pp.

68. Viveros Hernández, Paulina, Tesina: *La violación sexual y sus consecuencias, analizadas desde la perspectiva de género,* UNAM, Facultad de Estudios Superiores Iztacala, Psicología, Tlalnepantla, Estado de México, 2009, 97pp.

69. Vohovich, Jorge compilador. *Abuso sexual en la infancia 3: revictimización: las "buenas" prácticas sociales, jurídicas y psicológicas.* Buenos Aires, Lume Hymanitas, 2008, 256pp.

70. Zepeda Olvera, Daniela, Tesis: *Los sentimientos de culpa en mujeres adultas que vivieron violencia sexual en la infancia, que acuden a* ADIVAC, UNAM, Facultad de Estudios Superiores Iztacala, Psicología, Los Reyes Iztacala, Estado de México, 2013, 196pp.

FUENTES ELECTRÓNICAS

1. Xóchitl Álvarez "Denuncian 19 víctimas a sacerdote pederasta en SLP" [en línea] México, El Universal.com. mx, 31 de mayo de 2014, Dirección URL: http://www.eluniversal.com.mx/estados/2014/denuncian-19-victimas-a-sacerdote-pederasta-en-slp-1014180.html [Consulta: julio 2014]

2. Luis, Pablo Beauregard "El Vaticano expulsa a un cura mexicano por abusos a menores" [en línea] México, El país.com.mx, 06 de junio de 2014, Dirección URL: http://sociedad.elpais.com/sociedad/2014/06/06/actualidad/1402013418_057143.html [Consulta: julio de 2014]

3. APRO. "Pare masacre de abusos sexuales contra niños", [en línea] México, El Diario de Coahuila, 07 de junio de 2014, Dirección URL: http://www.eldiariodecoahuila.com.mx/notas/2014/6/7/pare-masacre-abusos-sexuales-contra-ninos-438053.asp [Consulta: julio 2014]

4. s/a "Diputados exhortan a impulsar denuncias en caso de abusos sexuales" [en línea] San Luís Potosí, Punto de Vista, 30 de mayo de 2014, Dirección URL: http://www.revistapuntodevista.com.mx/diputados-exhortan-a-impulsar-denuncias-en-caso-de-abusos-sexuales/ [Consulta: julio 2014]

5. Isaura López Villalobos. "Hay 4.5 de niños violentados sexualmente", [en línea] México, El Occidental, 26 de mayo de 2014. Dirección URL: http://www.oem.com.mx/eloccidental/notas/n3404930.htm [Consulta: julio 2014]

6. Martha Rodríguez. "México registra uno de los más altos índices de abuso sexual infantil", [en línea] México, Canal Judicial, 25 de julio de 2013, Dirección URL:
http://canaljudicial.wordpress.com/2013/07/25/mexico-registra-uno-de-los-mas-altos-indices-de-abuso-sexual-infantil/ [Consulta: agosto 2013]

7. Lydia Cacho. "Mis hijos y tus hijas", [en línea] México, Portal Lydia Cacho, 14 de julio de 2008, Dirección URL: (http://www.lydiacacho.net/14-07-2008/mis-hijos-y-tus-hijas/ [Consulta: marzo 2012]

8. Ma. Teresa Crespín. ¿El abusador sexual fue abusado en su niñez? ", [en línea] Centro de Investigación, Difusión y Estudios sobre Trata de Personas y Explotación Comercial, Asociación Civil, CIDETEC, Dirección URL: http://www.cidetec.org.mx/colaboracion.php?id=1 [Consulta: febrero 2014]

9. Miguel Adame Vázquez "Abuso Sexual Infantil. Nunca Más", [en línea], México, Sitio oficial de A.S.I. ¡Nunca más! Dirección URL: http://migueladame.blogspot.mx/2011_08_24_archive.htmlhttp://www.asinuncamas.org/inicio/ [Consulta: marzo 2014]

10. Verónica Maza Bustamante. "Prevención y recuperación del abuso sexual infantil I" [en línea], QrR, Milenio.com, 18 de enero 2014, Dirección URL: http://www.

milenio.com/blogs/qrr/Prevencion-recuperacion-abuso-sexual-infantil_7_229247075.html [Consulta: marzo 2014]

11. Mónica Ángela Flores Talavera. "Contra el abuso sexual infantil", [en línea], México, Psicólogas infantiles, PSII, asociación civil, Dirección URL: http://www.psicologasinfantiles.com/contra-abuso-sexual-infantil/ [Consulta: marzo de 2014]

12. Any Hammel Zabin, "Conversaciones con un pederasta", [en línea], Recuperación en proceso, Blog personal para la prevención y recuperación del abuso sexual, Dirección URL: https://recuperacionenproceso.wordpress.com/conversaciones-con-un-pederasta/ [Consulta marzo 2014]

13. Notimex, "Sufren abuso sexual 20 mil niños en México", [en línea], México, El Univesal.com.mx, 26 de noviembre de 2008, Dirección URL: http://www.eluniversal.com.mx/notas/558622.html [Consulta abril de 2012]

14. s/a, "Estadística abuso sexual en menores de edad" [en línea], Fundación de la mano con la justicia, 31 enero de 2009, Dirección URL: https://conlajusticia.wordpress.com/category/fundacion-de-la-mano-con-la-justicia/ [Consulta: diciembre 2011]

15. Gladis Torres Ruiz, "Abuso sexual deja severas secuelas en niñas y adolescentes", [en línea], México, CN, Cimacnoticias, Periodismo con perspectiva de género, 19 de abril de 2011, Dirección URL: http://www.cimacnoticias.com.mx/node/40579 [Consulta: agosto 2011]

16. Cimac, "350 denuncias al mes por delitos sexuales contra menores de edad, [en línea] CN, Cimacnoticias, Periodismo con perspectiva de género, 14 de febrero 2007, Dirección URL: http://www.cimacnoticias.com.mx/node/56497 [Consulta: abril julio 2011]

17. "Código Penal Federal" [en línea] México, Justia.com, Dirección URL: http://mexico.justia.com/federales/codigos/

codigo-penal-federal/libro-segundo/titulo-decimoquinto/
capitulo-i/ [Consulta: abril 2012]

18. "Derechos humanos por el país", [en línea], Naciones
Unidas, Derechos Humanos, Oficina del Alto Comisionado
para los Derechos Humanos, Dirección URL: http://www.
ohchr.org/SP/countries/Pages/HumanRightsintheWorld.
aspx [Consulta: enero 2014]

19. "Impulsar una promesa" [en línea] Convención sobre
los derechos del niño, UNICEF, Dirección URL: http://www.
unicef.org/spanish/crc/index_30160.html [Consulta: abril
2014]

20. "Ley para la Protección de los Derechos de las Niñas,
Niños y Adolescentes", [en línea], México, Cámara de
Diputados, Dirección URL: http://www.diputados.gob.mx/
LeyesBiblio/pdf/185.pdf [Consulta: febrero 2014]

21. Análisis del abuso sexual infantil en la legislación
penal y civil, [en línea] México, Cámara de Diputados, 2010,
Dirección URL: http://archivos.diputados.gob.mx/Centros_
Estudio/ceameg/informacion_analitica_2010/Doc_12.pdf
[Consulta: enero 2014]

22. "Concepto de sobreviviente" [en línea] Diccionario
de la lengua española, Dirección URL: http://lema.rae.es/
drae/?val=sobreviviente [Consulta: mayo 2012]

23. "Definición de ataque" [en línea] Diccionario de
la lengua española, Wikipedia, Dirección URL: http://
es.wikipedia.org/wiki/Ataque [Consulta: marzo 2012]

24. "La violencia sexual contra la mujer es parte de la
cotidianidad en México", [en línea], México.cnn.com, 11
de marzo de 2013, Dirección URL: http://mexico.cnn.com/
salud/2013/03/11/la-violencia-sexual-contra-la-mujer-
es-parte-de-la-cotidianidad-en-mexicov [Consulta: mayo
2013]

25. Domingo Ruiz López y Carlos Eduardo Cadénas
Ayala, "¿Qué es una política pública?", [en línea], México,
Universidad Latina de América, Dirección URL: http://www.

unla.mx/iusunla18/reflexion/QUE%20ES%20UNA%20
POLITICA%20PUBLICA%20web.htm   [Consulta:
noviembre 2013]

26. "La violencia contra niños, niñas y adolescentes en
México. Miradas regionales. Ensayo temático de La Infancia
Cuenta en México 2010, [en línea], México, Red por los
Derechos de la Infancia en México, 2010, Dirección URL:
http://www.derechosinfancia.org.mx/ensayoicm2010.pdf
[Consulta: mayo 2013]

27. Susana Galdos Silva. "Prevención del abuso
sexual infantil", [en línea], FIP, Federación Internacional
de   Periodistas,   Dirección   URL: http://www.
contraelabusosexualdelainfancia.com/art2.htm   [Consulta:
diciembre 2013]

28. Asociación de Mujeres Sobrevivientes de Abuso
Sexual [en línea] página oficial de la asociación civil,
MUSAS, Dirección URL: http://musasmujeres.blogspot.mx/
[Consulta: diciembre de 2013]

29. Lydia Cacho. "La infancia como rehén", [en línea],
Zacatecas, Express Zacatecas, 04 de junio de 2014, Dirección
URL: http://www.expresszacatecas.com/opinions/16388-la-
infancia-como-rehen [Consulta: junio 2014]

30. Univisión. "El Vaticano halla culpable de pederastia a
clérigo mexicano", [en línea], México, Univisiónnoticias, 04
de junio de 2014, Dirección URL: http://noticias.univision.
com/article/1977468/2014-06-04/mexico/noticias/el-
vaticano-halla-culpable-de-pederastia-a-clerigo-mexicano
[Consulta: junio 2014]

31. Redacción Frontera. "Invita Issstecali a pasar
tiempo de calidad con niños", [en línea], Tijuana, Baja
California, Frontera.info, 04 de junio de 2014, Dirección
URL: http://www.frontera.info/EdicionEnLinea/Notas/
Noticias/04062014/849272-Invita-Issstecali-a-pasar-
tiempo-de-calidad-con-ninos.html [Consulta: junio 2014]

32. Redacción. "Ciclistas grabaron en video abuso sexual de menor", [en línea], México, Proceso.com.mx, 23 de mayo de 2014, Dirección URL: http://www.proceso.com.mx/?p=372941 [Consulta: junio 2014]

33. Humberto Padgett. "LA BOQUITAS: 12 años, 60 hombres al día", [en línea], México, Sin embargo.mx, 03 de diciembre de 2013, Dirección URL: http://www.sinembargo.mx/03-12-2013/833035 [Consulta: enero 2014]

34. Apro. "Pare masacre de abusos sexuales contra niños", [en línea], México, El Diario de Coahuila, 07 de junio de 2014, Dirección URL: http://www.eldiariodecoahuila.com.mx/notas/2014/6/7/pare-masacre-abusos-sexuales-contra-ninos-438053.asp [Consulta: junio 2014]

35. Redacción. "Diputados exhortan a denunciar en casos de abuso sexual", [en línea], San Luís Potosí, Plano informativo.com, 31 de mayo de 2014, Dirección URL: http://planoinformativo.com/nota/id/327684/noticia/diputados-exhortan-a-denunciar-en-casos-de-abuso-sexual.html#.U5QJ2HJ5OSo [Consulta: junio de 2014]

36. "Denuncias abusos de menores migrantes", [en línea] México, La crónica.com, 07 de junio de 2014, Dirección URL: http://www.lacronica.com/EdicionEnlinea/Notas/Nacional/07062014/850197-Denuncian-abuso-de-menores-migrantes.html [Consulta: junio 2014]

37. Información El Universal, "Denuncian 19 víctimas a sacerdote por pederastia en SLP". [en línea], México, Criterio Hidalgo.com, 01 de junio de 2014, Dirección URL: http://www.criteriohidalgo.com/notas.asp?id=240189 [Consulta: junio 2014

38. "Hay 4.5 millones de niños violentados sexualmente", [en línea], México, El Occidental.com, 26 de mayo de 2014, Dirección URL: http://www.oem.com.mx/eloccidental/notas/n3404930.htm [Consulta: junio 2014]

39. "Encuesta Nacional sobre la Dinámica de las Familias" [en línea], México, ENDIFAM, 2005, Dirección URL:

http://www.investigadores.cide.edu/crow/GESOC/Puebla/
Informe%20ENDIFAM%202005%20(2).pdf [Consulta:
marzo 2014]

40. "Piden diputados establecer el Día Nacional contra
el Abuso Sexual Infantil", [en línea], México, Cámara de
Diputados, 14 de octubre de 2014, Dirección URL: http://
www5.diputados.gob.mx/index.php/esl/Comunicacion/
Boletines/2014/Octubre/14/4383-Un-20-y-10-por-ciento-
de-mujeres-y-hombres-respectivamente-sufrieron-abuso-
sexual-en-la-infancia-OMS [Consulta: octubre 2014]

41. "El delito de pederastia no debe prescribir;
responsables y encubridores deben ser castigados: Verónica
Juárez Piña", [en línea] México, Senado.gob.mx, 20, agosto
de 2014, Dirección URL: **http://comunicacion.senado.gob.
mx/index.php/periodo-ordinario/boletines/14790-el-
delito-de-pederastia-no-debe-prescribir-responsables-
y-encubridores-deben-ser-castigados-veronica-juarez-
pina.html** [Consulta: agosto 2014]

42. Relatos de horror: "Mamá Rosa" nos obligaba a tener
sexo con ella", [en línea] México, Vanguardia.com, 01 de
agosto de 2014, Dirección URL: http://www.vanguardia.
com/actualidad/mundo/271939-relatos-de-horror-mama-
rosa-nos-obligaba-a-tener-sexo-con-ella [Consulta: agosto
2014]

43. José Luis Prieto Montes, "Teoría de la adaptación
en abusos sexuales", [en línea] @criminologíaMX, 5 de
mayo de 2012, Dirección URL: http://joseluisprietomontes.
wordpress.com/2012/05/05/teori%CC%81a-de-la-
adaptacio%CC%81n-en-abusos-sexuales/ [Consulta: junio
2012]

44. "Estadísticas de abuso sexual infantil nacional y
Distrito Federal", [en línea], México, Procuradurías de
la Defensa del Menor y la familia", Dirección URL: http://
micrositios.dif.gob.mx/pdmf/estadisticas/maltrato/
[Consulta: mayo 2014]

45. "Encuesta sobre violencia en la infancia", [en línea] México, CONAPRED, Dirección URL: http://www.conapred. org.mx/ [Consulta: febrero 2014]

46. "Información de los Centros Integrales de Atención a la Mujer", [en línea], México, Instituto de las Mujeres, Inmujeres.com, Dirección URL: http://www.inmujer.df.gob. mx/wb/inmujeres/inicio [Consulta: febrero 2014]

47. Iván Duarte. "Denuncian creciente abuso sexual infantil", [en línea], Mérida, Yucatán, Milenio Novedades, 6 de abril de 2014, Dirección URL: http://sipse.com/milenio/ marcha-denuncian-creciente-abuso-sexual-infantil-yucatan-84070.html [Consulta: mayo 2014]

48. "Testimonios de niños confirman abusos sexuales en inhumano albergue mexicano", [en línea], México, Vanguardia.com, 17 de julio de 2014, Dirección URL: http://www.vanguardia.com/actualidad/mundo/269625-testimonios-de-ninos-confirman-abusos-sexuales-en-inhumano-albergue-mexicano [Consulta: julio 2014]

49. "Este año van 1364 denuncias por abuso sexual a menores", [en línea], México, Vanguardia.com 15 de abril de 2014, Dirección URL: http://www.vanguardia. com/actualidad/colombia/255820-este-ano-van-1364-denuncias-por-abuso-sexual-a-menores [Consulta: mayo 2014]

50. "México primer lugar de la OCDE en Maltrato Infantil: senador Martínez Martínez", [en línea] México, Cámara de senadores, 17 de septiembre de 2014, Dirección URL: HTTP://WWW.PAN.SENADO.GOB.MX/2014/09/ MEXICO-PRIMER-LUGAR-DE-LA-OCDE-EN-MALTRATO-INFANTIL-SENADOR-MARTINEZ-MARTINEZ/ [Consulta: septiembre 2014]

51. Lydia Cacho. "Pederastas y el "nuevo" PRI, [en línea] México, El Universal.com, Opinión, 04 de diciembre de 2012, Dirección URL: http://www.eluniversalmas.com.mx/ editoriales/2012/12/61840.php [Consulta: enero 2013]

52. Rocío Sánchez, "Minoría de edad, ¿minoría de derechos?, [en línea], México, La Jornada.unam.mx, 02 de septiembre de 2004, Dirección URL: **http://www.jornada. unam.mx/2004/09/02/ls-jovenes.html** [Consulta: enero 2013]

53. "Estadísticas de violencia contra las mujeres en México," [en línea], México, Inmujeres, 16 de enero de 2014, Dirección URL: http://estadistica.inmujeres.gob.mx/formas/ convenciones/Nota.pdf [Consulta: abril 2014]

54. "10 recomendaciones para el uso no sexista del lenguaje", [en línea], México, CONAPRED, 2009, Dirección URL: http:// www.censida.salud.gob.mx/descargas/10recomendaciones. pdf [Consulta: marzo 2012]

55. "Código Penal Federal", [en línea], México, Cámara de Diputados, Dirección URL: https://www.imolin.org/ doc/amlid/Mexico/Mexico_Codigo_Penal_Federal.pdf [Consulta: junio 2012]

54. "Código Penal para el Distrito Federal", [en línea], México, Gaceta Oficial del DF, 18 de agosto de 2011, Dirección URL: http://www.metro.df.gob.mx/transparencia/ imagenes/fr1/normaplicable/cpdf0712.pdf [Consulta: junio 2012]

55. CONAPRED, "Encuesta Nacional sobre Discriminación en México", [en línea] Enadis, México, 2010, Dirección URL: http://www.conapred.org.mx/userfiles/files/Enadis-2010-RG-Accss-002.pdf [Consulta: febrero 2013]

56. "Convención Americana sobre Derechos Humanos 'Pacto de San José de Costa Rica'", [en línea] México, Dirección URL: https://www.scjn.gob.mx/libro/ InstrumentosConvencion/PAG0259.pdf [Consulta: marzo 2014]

57. "Convención sobre los Derechos del Niño", [en línea], México, Comisión de Derechos Humanos, Dirección URL: http://www.cndh.org.mx/sites/all/fuentes/documentos/ Programas/Discapacidad/Conv_DNi%C3%B1o.pdf [Consulta: marzo 2014]

58. "Convención Iberoamericana de los derechos de los jóvenes", [en línea], Buenos Aires, Argentina, México, Instituto de la Juventud, Organización Iberoamericana de la juventud, Dirección URL: http://www.unicef.org/lac/CIDJpdf%283%29.pdf [consulta: mayo 2014]

59. "Estadísticas a propósito del Día Internacional de la Niña, Datos Nacionales", [en línea], México, INEGI, 11 de octubre de 2013, Dirección URL: http://www.inegi.org.mx/inegi/contenidos/espanol/prensa/Contenidos/estadisticas/2013/ni%C3%B1a0.pdf [Consulta: marzo 2014]

60. Nadine Gasman, Laura Villa-Torres, Claudia Moreno, et al, "Informe Nacional sobre la Violencia y la Salud en México", [en línea] México, Ipas, México, A.C., Dirección URL: http://www.svri.org/nacional.pdf [Consulta: marzo 2014]

61. Ruth González Serratos, "Informe preliminar sobre algunos aspectos de la investigación en sobrevivientes de abuso sexual en la infancia", [en línea], México, Programa de Atención Integral a Víctimas y Sobrevivientes de Agresión Sexual, Universidad Nacional Autónoma de México, Dirección URL: http://www.dgespe.sep.gob.mx/public/genero/PDF/LECTURAS/S_01_28_Informe%20preliminar%20sobre%20algunos.pdf [Consulta: mayo 2014]

62. "Ley para prevenir y erradicar la trata de personas, el abuso sexual y la explotación sexual comercial infantil para el Distrito Federal", [en línea] México, Dirección URL: http://vidasinviolencia.inmujeres.gob.mx/sites/default/files/pdfs/ambito_estatal/leyes_de_trata/distrito_federal.pdf [Consulta: mayo 2014]

63. "Sesión Especial de las Naciones Unidas en favor de la Infancia", [en línea], UNICEF, 8 de mayo de 2003, Dirección URL: http://www.unicef.org/spanish/specialsession/docs_new/documents/SSC-anniversary-report-sp.pdf [Consulta: diciembre 2011]

64. Solicitud de acceso a la información por medio del Instituto Federal de Acceso a la Información y Protección de Datos, [en línea], IFAI, México, Dirección URL: https://www.infomex.org.mx/gobiernofederal/home.action http://www.infomexdf.org.mx/InfomexDF/Default.aspx [Consulta: junio 2014]

65. "Niñas y niños", [en línea] Consejo para Prevenir y Eliminar la Discriminación de la ciudad de México, Dirección URL: http://www.copred.df.gob.mx/wb/copred/ninas_y_ninos

66. Fundación en pantalla contra la Violencia Infantil, [en línea], Dirección URL: http://www.fundacionenpantalla.org/index.php/estad/estadisticas-internacionales [Consulta mayo 2014]

67. Asociación para el Desarrollo Integral de Personas Violadas, A.C., ADIVAC Dirección URL: http://www.fundacionenpantalla.org/index.php/estad/estadisticas-internacionales [Consulta: mayo 2012]

68. Caleidoscopia, Espacio de Cultura, Terapia y Salud Sexual, A.C, Dirección URL: http://www.caleidoscopia.com/user/password [Consulta: mayo 2012]

69. Montero García-Celay María Luisa, Nieto Navarro Mariano, El patriarcado: una estructura invisible, julio 2002, Dirección URL: http://www.stopmachismo.net/marmar2.pdf [Consulta: abril 2015]

70. Notilegis, México ocupa primer lugar a nivel mundial en abuso sexual, violencia física y homicidios de menores de 14 años, afirma directiva de centros de estudios, noviembre 2014, Dirección URL: http:/www.diputados.gob.mx/index.php/es/Comunicación/Agencia-de-noticias/2014/11-Noviembre/18/9037-Mexico-ocupa-primer-lugar-a-nivel-mundial-en-abuso-sexual-violencia-fisica-y-homicidios-de-menores-de-14-anos-afirma-directiva-de-centro-de-estudios [Consulta: noviembre 2015]

ENTREVISTAS:

1. José Manuel Hernández psicoterapeuta sexual, egresado de la UNAM. Realizada marzo 2014.

2. Karla Barrios Rodríguez, psicóloga clínica por la Universidad de Negocios, ISEC, y psicoterapeuta sexual por Profesionistas en Psicoterapia Sexual Integral, A.C. Realizada marzo 2014.

3. Tania Escalante integrante del área de comunicación de ADIVAC. Realizada marzo 2014.

4. Ana Cecilia Salgado, sobreviviente, trabajadora social y psicoterapeuta corporal, directora de SERTEC, Ser Terapia Corporal. Realizada julio 2013

5. Claudio Tzompantzi Miguel, psicoterapeuta sexual y maestro en Estudios de la Mujer. Realizada noviembre 2014.

6. Senovia Bailón, psicoterapeuta corporal y facilitadora del Grupo de Mujeres Iztacalco. Realizada diciembre 2014.

7. María Antonieta García Ramos, médica, psicoterapeuta sexual y directora de Caleidoscopia, Espacio de Cultura, Terapia y Salud Sexual. Realizada noviembre 2014.

8. María Karina Segovia Castañeda, litigante y maestra en Justicia Penal y Seguridad Pública por la Universidad Humanitas. Realizada noviembre 2014.

9. Alba Luz Robles, psicóloga, abogada, coordinadora del Programa de Evaluación Forense de Abuso Sexual Infantil y catedrática de la Facultad de Estudios Superiores Iztacala, UNAM. Realizada noviembre 2014.

10. Daniel Manzur, encargado del Módulo de Gestión Social, del Instituto Nacional de las Mujeres, INMUJERES. Realizada diciembre 2014.

11. Laura, comerciante de la ciudad de México. Realizada abril 2013.

12. Mago, sobreviviente de Abuso Sexual Infantil. Realizada abril 2013.

13. ALC. Estudiante de Inglés. Realizada abril 2013.

14. Brenda, sobreviviente de Abuso Sexual Infantil, maestra de primaria y danzaterapeuta. Realizada mayo 2013.

15. Janet, estudiante en la ciudad de México. Realizada abril 2013.

16. Paloma, empleada Realizada diciembre 2014.

17. Azit, sobreviviente de Abuso Sexual Infantil. Realizada diciembre 2012.

18. Luisa, estudiante. Realizada abril 2013.

Made in the USA
Columbia, SC
13 February 2020

87909102R00152